やる気ゼロ! 行動力ゼロ! 飽き性 でも続く!

人生が変わる

HACK UNIV. METHOD

ハック大学式 最強の習慣

ハック大学 ぺそ

ソシム

はじめに

忙しいだけの毎日に別れを告げて、自分の人生を取り戻す方法

この本は、忙しいだけで、他人に振り回される人生を変えるための本です。

「忙しいだけの日々から抜け出したい」
「もっとやるべきことに時間を使いたい」
「将来への不安から解放されたい」

いつも何かに追われている。やってもやっても達成感を得られない。**心も体もぐったりしていて、人生を楽しめていない**。

そう感じている人は多いのではないでしょうか。

かつての私も同じ悩みの中で、人生を歩んでいました。

はじめまして、「ハック大学　ぺそ」と申します。30代のビジネス系YouTuberです。悩めるビジネスパーソンに役立つ動画をお届けすることで、お陰様で27万人を超える人にチャンネル登録をしていただいています。これまでに最も再生された動画は200万回再生を超えています。

ただし、専業YouTuberではありません。普段は、外資系企業でマネージャーとして働き、年俸は2000万円です。

本書は、そんな私が続けてきた**「習慣化を実現するための考え方」と「厳選した習慣」をまとめた本**です。

と、ここまで読んで、

「自分とは違う、遠い世界の人の話」

「なんだ、ただのエリート？」

と思われたかもしれません。でも、そんなことありません。こうした「誰もがすごい」と思うことはやり方次第で誰にでもできるのです。

実は、**私の人生は、ほんの少し前まで挫折の連続**でした。大学を卒業し最初に入った会社で理想と現実のギャップに戸惑い、転職先の会社でも入社前に描いたような貢献はできず、もがき苦しみました。

結局いつも誰かのために仕事をすることに一生懸命になり、自分が自由にできる時間はほとんどなく、何のために生きているのかと本気で考えた時期もありました。

そして、とうとう4社目の会社。ここまできてやっと、納得のいく働き方ができるようになりました。

そんな**私を変えたのが「習慣」**です。

YouTubeで、こうした苦労、挫折、不安の中で見つけた「今を変えるためのハック」を、動画という形で発信したところ、大きな反響を得ました。

でも、動画に使える時間は約10分（長い動画は見続けるのが大変です）。どうしても伝えられる情報に限りがあります。でも、習慣の本質は一つひとつの習慣を積み重ねて、大きな成果を手に入れること。それをきちんとお伝えするために、今回、本という形でまとめることにしました。

本書は、私がこれまでに試したり、動画で紹介したりした中で、**過去の自分から変わるために、最も意味があったと思う「習慣」と「その習慣化を実現するための考え方」をまとめたもの**です。もちろん、現在も続けている方法です。

挫折や失敗もたくさん経験して、どうすればいいかこれまで死ぬ気で考えてきましたが、その分だけ、みなさんに役立つ情報をお伝えできる内容になっているはずです。

なぜ習慣を身につけるといいのか？

ところで、なぜ習慣を身につけることがいいとされているのでしょうか。

たとえば、

・いつもきちんとした身なりをしている人

・たまにきちんとした身なりをしている人

だと、どちらの人と仕事をしたいと思いますか？

前者のいつもきちんとしている人ですよね。きっと、

「この人、なんだか仕事がデキそう」

「一緒に働いて、気持ちよく仕事ができる」

と感じるからではないでしょうか。

それはいつもきちんとした人は、まじめで、清潔感があって、何事にも真摯に向き合ってくれそうという感じがするからだと思います。

つまり、**いい習慣を持っている人は、人から信頼されやすくなる**ということです。

それだけでなく、いい習慣を持っている人は、

「他人や時間に振り回されず、自分の人生の主導権を持っている」

「生活リズムを整え、不規則な生活から卒業した」

「過去の失敗や悩み事から解放され、心の余裕がある」

「小さな判断が減り、余計なことにエネルギーを消費しなくなる」

「大切なことに集中できるようになる」

「周囲からの評価が高まり、人生のステージが上がる」

つまり、いい習慣のある人は能力が高いということです。

自分の能力が高まり、人から信頼されやすくなれば、仕事はますますうまくいくし、収入は増えます。すると、人生を楽しむ時間やチャンスも自然と増えてきます。

つまり、**習慣が変わると、本当に人生が変わる**のです。

そう断言できるのは、詳しくは1章でお伝えしますが、私自身がこの習慣の黄金サイクルのおかげで、人生を変えることができたからです。

「いい発見」が習慣、人生を変える

断言しますが、私が本書でお伝えする「習慣化を実現するための考え方」は、**誰に**

でもできるシンプルな方法です。それは、「リスク発見」です。

まったく同じ行動なのに、続く場合もあれば、続かない場合もあります。それはなぜでしょうか。たとえば、歯磨きです。

A　やった方がいいからする「歯磨き」
B　虫歯になるのが嫌でする「歯磨き」

どちらが続く習慣になるかといえば、当然、Bのほうです。
なぜかというと、「これはヤバいぞ」という「リスク発見」ができているからです。
この発見があると、人は身体の内側から信じられないようなやる気があふれてきて、思考、行動、そして人生を変えるエネルギーに変わっていきます。

みなさんも、過去を振り返ってみてください。なんとなく続いた習慣の裏側には、実はこの「発見」がなかったでしょうか。

本書は、**この「発見→習慣化」のサイクルを意図的に起こしてしまおうというもの**

です。私はこれまで、コーチングなどでこの方法をお伝えしてきましたが、誰もが自分らしい人生を手に入れることに成功しています。

本書の構成

本書は、習慣をスムーズに身につけてもらうために、次の構成にしています。

第1章は**習慣化の考え方**についてです。「どうすれば習慣で人生を変えられるのか」というお話をします。

そもそも、これまでに習慣化で挫折した人は多いと思います。なぜ挫折したのか、どうすれば定着させ成功するのか、私の体験談も交えながら、それを「脳」という観点から解明します。

第2章は**習慣化のコツ**です。私が習慣化をするときに、いつもどのようなプロセスで行っているかを解説します。
私自身、これまできちんと振り返ることはなかったのですが、今回1冊にまとめるにあたって、改めてそのプロセスを体系化しました。私がかつてYouTubeチャンネルを立ち上げたときのプロセスを振り返りながらまとめているので、もし副業に興味がある人はそこも要チェックです。

第3〜5章は**おすすめの習慣**です。私がこれまでに試してきた中で、今の私になるまでに必要、意味があった、現在も続けている習慣を紹介していきます。毎日行う「生活習慣（3章）」、キャリアアップや収入アップに直接関係してくる「仕事習慣（4章）」、そして人の行動を左右する最も本質的な習慣といえる「思考習慣（5章）」に分けてあります。
すべての人に当てはまる習慣はないと思いますが、自分に関係がありそうなことを拾い読みするだけでも、十分価値があると思います。

「不規則な生活」を「規則正しい生活」へ変えたい人へ

「思い通りにならない人生」を「自分らしい人生」に変えたい人へ

「どうしていいかわからない」を「こうすればいい」に変えたい人へ

本書がそうした人の考え方、気持ちを変える力になればと思っています。

それでは、自分を変える旅に出かけましょう。

目次

はじめに……1

第1章 どうすれば習慣化で、人生が変わるのか？

「やることをやっても報われない」変わらない日々から脱却したいなら……19
平凡だった私の人生が突然、上向いたきっかけ……22
「習慣で人生が変わる」がいまいち信じられない人へ……28
習慣になるかならないか。すべては脳が決めている……31
脳に組み込まれた習慣化を邪魔する「2つの仕組み」……34
「危機感」をコントロールできれば、どんな習慣も変えられる！……40
「危機感」に隠された驚くべき習慣化のインパクト……43
「習慣を積み上げる」ことで、少しずつ自分をアップデートしていく……46
人生のすべてを変えるために、いい習慣を持つ……51

起業家、経営者、アスリートの「自分を変える方法」をまねする …… 54
ハック大学式「習慣化のルール」まとめ …… 56

第2章 これならできる！ 習慣化の6つのステップ

いろいろ試してわかった習慣化の6つの黄金ステップ …… 62
ステップ1 いまと未来をくらべて「危機感を見つける」 …… 64
ステップ2 目的・目標・行動を設定して、「ブレない危機感」にする …… 71
ステップ3 ハードルを下げ、「やりやすくする」 …… 76
ステップ4 やる気になる「メリット」を用意する …… 80
ステップ5 「続く仕組み」を作る …… 83
ステップ6 どんどん失敗して「自分の攻略本」を作る …… 86
習慣がうまくいく人は「習慣の定着期間」に期待しない …… 91

習慣化に慣れた人は「続かない習慣」を知っている……93

第3章 生活習慣

【運動】すべてを変えるために、「ついで運動」から始めよう……98
【睡眠】頭、心、体を自然に整える「早起き」を始める……104
【食事】食事改善よりも簡単！　「つけ足し」で不足した栄養を取る……110
【学び】絶対に記憶に定着する「いま必要なこと」だけを学ぶ……115
【デジタルデトックス】時間がないと思ったら、
「スマホなし時間」で生活を整える……120
【身だしなみ】「不潔」は絶対ダメ！　「ちょいケア」で大人の品格を持つ……126
【支出】「平凡なサービス」にお金を渋り、「上質なサービス」にお金を払う……132

第4章 仕事習慣

【キャリア戦略】「長所伸ばし」で、死ぬまで使える武器を作る …… 140
【対上司】上司を「成長の道具」にして、自分の成長スピードを上げる …… 146
【視座】「2ランク上の目線」を持って、自分の限界を超える …… 151
【非完璧主義】仕事は「質」よりも「スピード」。「早めの6割」ですべてを手に入れる …… 157
【脱会社依存】不安がない人生はない！　「自分の武器」を育てよう …… 162
【自責思考】他人に振り回されないために、「自分視点」でいつも考える …… 167
【失敗公開】ミスは隠さず、すぐに報告する …… 173
【レバレッジ】「人に任せる人」になって、「自分のやるべきこと」をする …… 178

第5章 思考習慣

【無駄の効用】人生は「効率」よりも「無駄」。「無駄な時間」で自分を育てる……186
【悩み】「変えられないこと」は忘れて、不安から解放される……191
【人付き合い】「自分ができること」に集中して、他人に振り回されない……196
【未来志向】あれもこれも気になるときは、「現在・未来基準」ですべてを考える……201
【時間の考え方】仕事、家事、副業……プロに任せて、自分の時間を取り戻す……207
【限界突破】「考えが浅い」と言われる前に、「なぜ？」と自問をくり返す……212
【究極の思考習慣】「いいからやれ」と「いいから寝ろ」ですべてを変える……217

第1章

どうすれば習慣化で、人生が変わるのか？

人生にはスイッチが入る瞬間があります。
スイッチが入ると、
人はそれまでこだわってきたことをあっさり捨てたり、
いままでと違う行動を平気で取れたりします。
「ギアチェンジする」「生まれ変わる」といろんな表現もありますが、
私には「スイッチが入る」がしっくりきます。
暗い部屋で、電気がパッと灯るような、瞬間的なもの。
それは自分で入れられることもあれば、唐突に入ることもある。
でも、もしそのスイッチを自分で入れられるとしたら、どうでしょうか？
まずはそんな話からしたいと思います。

習慣で人生を変えるには、1%の気づきがあればOK

○ 1%でも「いま」を変えたいと思ったことがある

× 現状に不満タラタラだけど、まったく変えたいと思わない

こんな人におすすめ

- 今の仕事や会社に不満がある人
- 自分はもっとできると思っている人

「やることをやっても報われない」変わらない日々から脱却したいなら…

「人生が好転する気配がない」
「努力がまったく報われない」
「今を変えたいけど、どうしていいかわからない」

いま、こんなことで悩んでいないでしょうか。でも安心してください。現状にはまったく納得していないのに、次の一手が分からないと悩む人はたくさんいます。
一方で、「今ちょっと、うまくいっていないな」「最近よくないことが続いているな」と感じたとき、サクッと切り替えて、うまくいくように行動を変えるのが上手な人もいます。

この違いはどこで生まれているのでしょうか？

それは生まれながらの才能や性格によるものでは、もちろんありません。**ちょっと**

したテクニックやコツを知っているかで、その違いは生まれているのです。

もし今、現状に不満を抱えているのに、仮に、解決の糸口すら思い浮かんでいないとしたら、それは悩みというより単なる不満かもしれません。

でも、この「どうにかしたい！」という想いが積み重なっているとき、実はこの瞬間は現状を変えるためのものすごいチャンスの可能性があります。なぜなら、**「現状を変えるためのエネルギー」が溜まっている状態**だからです。

このエネルギーをうまく使うためのテクニックやちょっとしたコツをきちんと理解すれば、あなたは確実に自分の人生を思い通りの方向へ変えることができます。

もちろん、いま特にそうした願望や不満は持っていない人も、夢や希望のためにもっとよくなりたいという人も、本書で紹介する方法を実践してもらえれば、必ず人生はいまよりも格段に楽しくなります。

月日の流れは容赦がありません。

1年、そしてまた1年——。

違いはテクニックやコツを知っているかだけ！

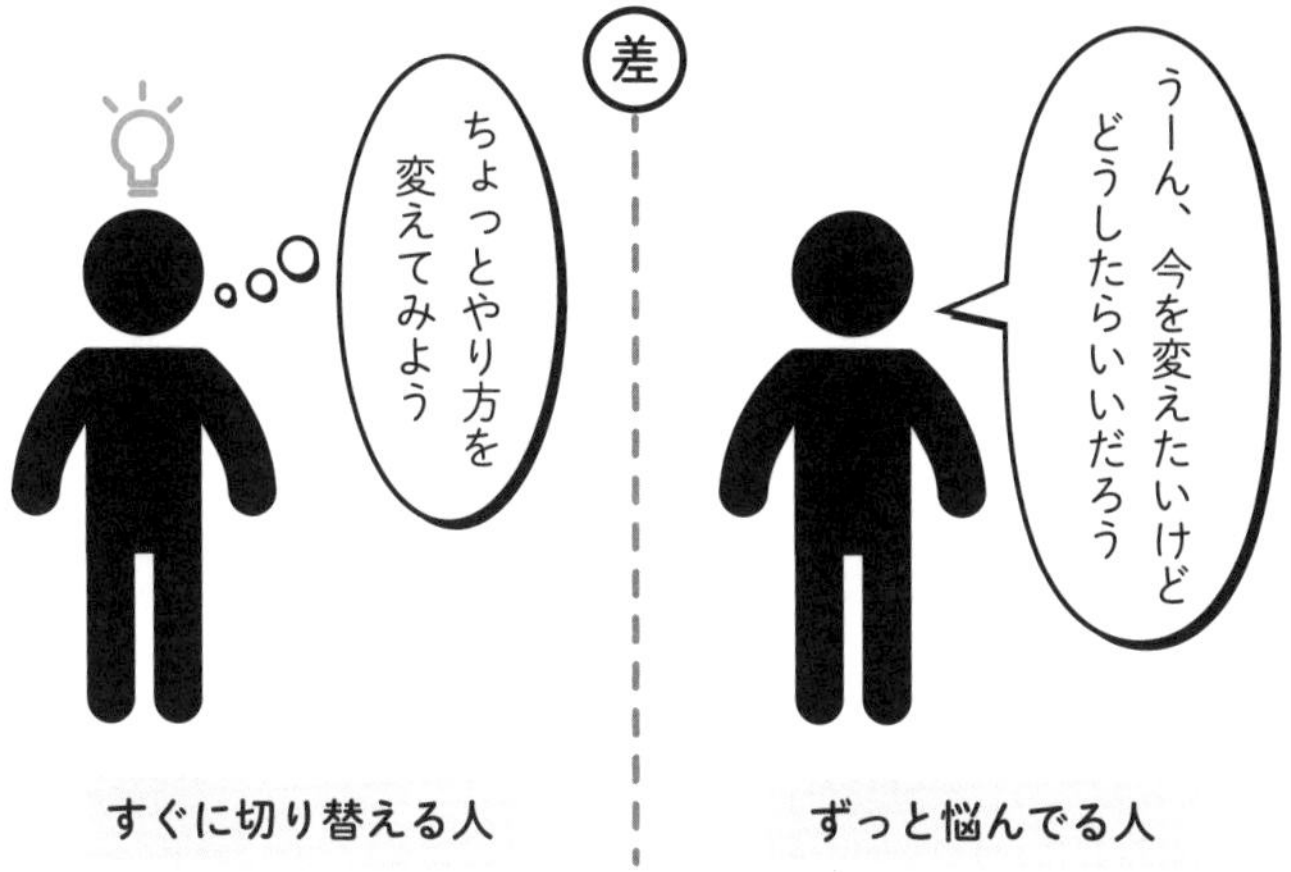
ちょっとやり方を
変えてみよう
すぐに切り替える人
うーん、今を変えたいけど
どうしたらいいだろう
ずっと悩んでる人
差

人によっては5年、10年、20年――。

人生が変化しているかどうかは、何かを定点観測すればわかります。

たとえば、預金残高でもいいし、住む場所でもいい、SNSでつながっている人の顔ぶれ、年末年始の過ごし方もいいです。

「あれ？　なんか去年の暮れもまったく同じメンツでダラダラ酒飲んでなかったっけ？　なんで、みんな地元に残っているの？」

最初のうちは笑えても、何年も続くと笑えなくなってきます。

では、どうすれば、こうした硬直状態

を壊せるか？

どうやったらブレイクスルーが起きるのか？

いったいいつになったら幸せになれるのか？


そんなあなたにおすすめなのが「習慣を変えること」です。

平凡だった私の人生が突然、上向いたきっかけ

私も、かつては何をやってもうまくいかない人間でした。

「そんなこと言って、うそばっかり」と思うかもしれませんが、昔の私は、**絵に描いたようなダメダメ人間**でした。

たとえば学生時代です。いかに要領よく単位を取るかを考え、流行りの服屋に上納

するためのバイトにいそしむ毎日。本よりは圧倒的にマンガ好き。でも、教授になにか質問されたら、それっぽい返しはできるだけの、ただの世渡り上手な学生でした。**生活も荒れ放題で、朝早くに起きることはできず、明け方に寝る日々**でした。

だから大学卒業後、十数年会っていなかった同級生たちは、いまの私の仕事や規則正しい生活を送っている様子を知ると必ずびっくりします。

「いったいなにがあったの？」と聞かれると、私はいつも同じ答えをしています。

「コンサル会社に転職したのがきっかけかな」

私は新卒で大手企業に入社しました。

いわゆる規制で利権がガッツリ守られた上場企業で、役所と同じく**無難にオペレーションを回していれば安泰の会社**でした。

年功序列なので初任給は決して高くはありませんでしたが、社会的な信用は高く、合コンでのウケも悪くない。もしかすると両親も鼻高々だったと思います。

当時の私にとって、理想的な職場でした。

同期も、口では自己実現や社会貢献をアピールしつつ、実際には会社の安定感や規模感、ブランド力に惹かれて入社した人ばかり。入社したころは、このまま定年まで適当に仕事をして、老後は企業年金でのんびり暮らそうと思っていました。

でも、いざ働きだすと猛烈な違和感に襲われました。**「この会社は図体だけはでかいけど、ゆっくり沈んでいる泥船じゃないか？」**と感じ始めたのです。

新人だったので、経営陣がどんな戦略を描いているかよくわかりませんでした。でも、現場にいれば会社のことはわかります。献身的に船をこごうとする人が、ほとんどいないからです。

たまに「もしかしてこの人は志が高い人かも」と感じる人もいましたが、そういう人は気づいたら会社を去っていました。

そう感じ始めてからは、「ヤバい。この会社に居続けたら、社会人として行き詰まる！」という**焦りだけが募る日々**でした。

確かにその会社は日本を代表する規模で、事業も安泰です。でも、ＩＴの進歩でこれからどうなるかわからない時代。かつて安泰とされた企業も倒産することがあるなかで、**本当にこの会社に残っていて良いのかという疑問**だけが浮かびました。

そんな中、少しでも現状を変えようと自分を突き動かしてみましたが、気づくと周りの空気におされて怠けてしまう自分に気づきました。

本当に自分を変えたいなら、このままじゃダメだなと思い、私は180度方向転換をして、コンサル会社に転職しました。コンサルを選んだのは、ここなら必ず意識が高い人が集まっているから、そこに身を置けば自分も成長できるはずと考えたからです。

コンサルに入ったのは正解でした。想像通り、周囲があまりに優秀だったからです。おかげで、人が変わったように学び、働きました。それは自分の意思というよりも、**早く一人前にならないと仕事をクビになるという危機感**からでした。当時、子供が生まれたばかりで路頭に迷うわけにはいかなかったのです。

さらに、早く一人前に育てようと、上司や先輩から無理難題がどんどん降ってきます。野球でいうなら千本ノックの世界です。ペースについていくだけで精一杯の中で、必死にくらいついていきました。

そのために、いかに効率的にインプットとアウトプットをするか意識して、**短期間**

でいろんなスキルを身に付けていきました。自分に役に立ちそうな本も片っ端から目を通した時期でもあります。

一方、拘束時間も長いので、私生活でダラダラする暇がなくなりました。おかげで悪い習慣とも縁を切ることができました。休日を無意味に惰性で過ごすことをやめ、メリットのない人脈も切りました。仕事のパフォーマンスを少しでも上げるために食生活や運動、睡眠の質などにこだわるようになったのもこの時期です。

このときの大きな変化が、いまの私をつくっているといっても過言ではありません。**勇気を出して環境を変え、徹底的に自分を追い込まざるをえない状況に身を置いたことで、自分を変えることができた**と考えています。

その後の私は、このときの経験をベースに習慣化の仕組みをパッケージ化し、今も新しい習慣を定期的に取り入れながら、自分をアップデートさせ続けています。

本書では、そんな**私が実践する習慣の攻略法**を紹介していきます。

ただし、「コンサルに転職しろ」などと無理難題をいうつもりはないので、安心してください。コンサルに行かなくても、私が経験したのと同じように習慣化を実現する方法をお伝えします。

危機感だけでやり抜いてきた私の人生

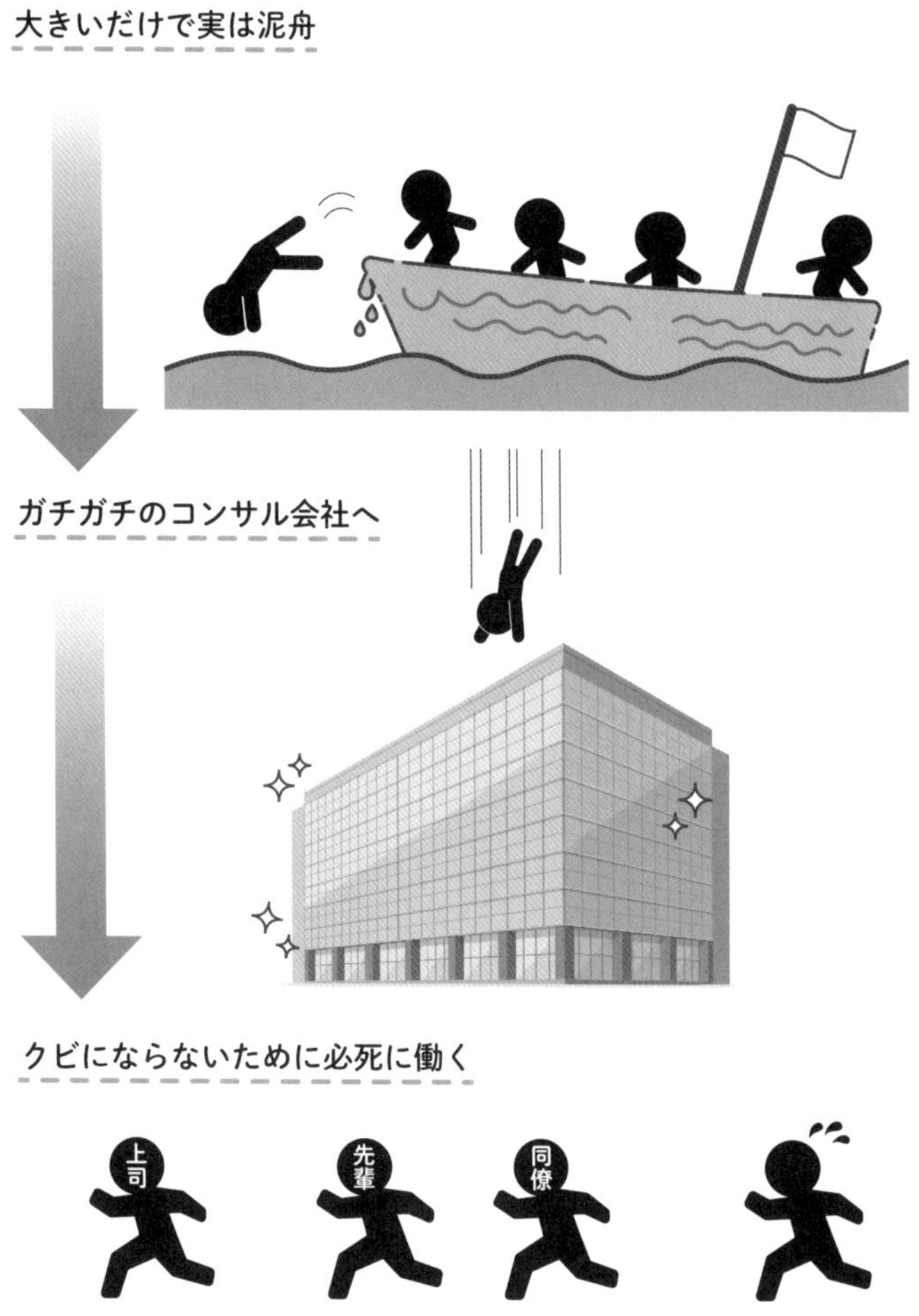
大きいだけで実は泥舟
ガチガチのコンサル会社へ
クビにならないために必死に働く
上司
先輩
同僚

「習慣で人生が変わる」がいまいち信じられない人へ

さて、このように私は習慣により人生が変わったわけですが、一方で、**「習慣で人生が変わる」ということへの疑問**を持っている人は多いのではないかと思います。かつての私も、成功者のいろんな体験記を読んで習慣の大切さは理解しつつ、なぜかそれが信じられないでいました。


世の中では、よくこんなことが言われます。

「習慣を変えれば人生ばっちり！」

「成功者がすすめる習慣をまねしよう！」

「いい習慣があなたを変える！」

本書を手にとったあなたも、こんなことを考えて本を手にしてくれたかもしれません。

「そうだ、習慣だ！　習慣を変えたら人生が変わるんだ！」

でも、こんなことも思っていないでしょうか？

「習慣で人生が変わるって、本当？」

習慣を変えれば人生が変わる――。

たしかにそんな気はします。

古代ローマの有名な哲学者アリストテレスも
「優れた結果は一時的な行動ではなく、習慣から生まれる」

と言っていますし、聖人マザー・テレサも、インドの父ガンジーも
「習慣が人格をつくり、人格が運命をつくる」

と言っています。

つまり、**「習慣で人生が変わる」というのは古今東西変わらない、普遍の事実**といっても過言ではないでしょう。

現在、活躍している一流アスリートもトップ経営者や起業家も、みんな習慣を持ち、それを人生の道標として大切にし、続けています。

日々繰り返すのが習慣なので、習慣が変われば何かが変わる。たしかにそう断言できそうです。

ここまでは、理屈の話。多くの人が同意してくれるはずです。でも、**なぜかしっくりこない**のではないでしょうか。

そう。「習慣を変えれば人生が変わる」というロジックは、あまりに綺麗すぎます。AIが生成した美男美女の写真が持つ違和感のような、血が通っている感じがしないというか、ウソくさい感じ。

なんで、こんなにウソくさいのか。

それは、**習慣はそんな簡単に変わらないことを全人類が知っている**からです。

「あまりに当然すぎるから」「習慣をちっぽけに感じて、そんなちっぽけなことよりももっと大事なことがあると思ってしまうから」ではないでしょうか。

あなたの部屋の本棚には習慣に関する本がすでに何冊かあるかもしれません。本やネットに書かれていた「おすすめの習慣」に挑み、絵に描いたような三日坊主で終え、自分の意志の弱さを嘆いた経験が一度はあるはずです。

習慣が変われば人生は変わるかもしれません。でも、**肝心の「もし習慣が変われば」の部分に別世界のような遠い感じがする**のではないでしょうか。

お金儲けの本によく書いてある「お金を生む仕組みをつくればいいだけ！」というロジックと似ているかもしれません。「その仕組みは、たまたまタイミングがよかっただけでしょ！」とツッコミたくなる、あの感覚です。

でも、**「今度こそ、習慣を変えることができる」**としたらどうでしょうか。

習慣になるかならないか。すべては脳が決めている

「いまを変えたい」「もっとよくなりたい」という思いから、これまでも習慣を変えようとした経験のある人は多いと思います。でも、過去の私もそうでしたが、習慣を続けること、習慣化がうまくいかずに、挫折した経験がある人は少なくないはずです。

つまり、習慣を変えるのは誰にとっても難しいことなのです。

でも、逆にいえば、**習慣を続けることが難しい理由がわかり、それを克服できれば習慣を続けることは誰にでも可能**ということです。

ではなぜ、習慣を変えることが難しいのでしょうか？

うまくいかない最大の理由をひと言で言うと、**「習慣化は、自然の摂理に反する行為」**だからです。

「いやいや、そんな大げさな」と思うかもしれません。

でも、「とりあえず、習慣を変えてみよう」「手を動かしてみよう」と始めてみたものの、「ちょっと忙しくなったから」「今日はなんとなく面倒だから」「急にやりたいことができたから」と途中で放り出した経験はないでしょうか。私は何度もあります。

また、やる気や希望がある人、一流大学の卒業生、有名企業で働く人まで、**一般的にモチベーションや能力が高いレベルにある人ですら、習慣化をうまくできていない**というのが本当のところです。たとえば、近年、アスリートがケガに苦しむ原因のひとつに生活習慣の乱れが指摘されていますが、その事実があってもアスリートのほとんどは規則正しい生活習慣を取り入れることができていません。

それは、「自然の摂理、つまり**仕組みを理解していないから**」にほかなりません。

ここでいう自然の摂理とは「脳の仕組み」です。習慣化の仕組みは、近年の脳科学の研究で、だいぶん解き明かされています。簡単に説明すると、次のような感じです。

①脳の中では、たくさんの信号がいろんな回路を飛び回っている
②使う頻度が多い回路は太くなり、使う頻度が少ないと細くなりやがて切れる
③次第に回路が太くなると、無意識下で回路が動く状態になる、つまり習慣化する

こうしてできあがった習慣は、思考パターンや行動パターンに表れます。

たとえば、考え事をしながら自転車をこいでいたら、いつの間にか家に着いていたという経験はないでしょうか。ほかにも、帰りにスーパーに寄ろうと思っていたのに、気づいたら家の玄関の前に立っていた、とか。

これが、習慣です。考え事などで大忙しでも、太くなった回路のおかげで、「ここで曲がれ」「この交差点は減速しよう」と**ある程度、脳が勝手にやってくれる**のです。

文字通りの自動運転モードであり、それが習慣のなせる業です。この自動運転モードで使う回路、すなわち行動パターンや思考パターンが、習慣です。

脳に組み込まれた習慣化を邪魔する「2つの仕組み」

習慣の仕組みを知ると、習慣を変えることはそんなに難しいことではないと感じませんか？　私も初めてこの仕組みを知ったとき、「回路を太くすればいいんだ」と簡単に考えたのですが、実際はそんなに楽な話ではありませんでした。

脳には、習慣化をさまたげる２つの摂理があるからです。

①新しい回路よりも、使い慣れた回路を使いたい

②苦痛よりも快楽のある回路を使いたい

脳が習慣化の邪魔をしている

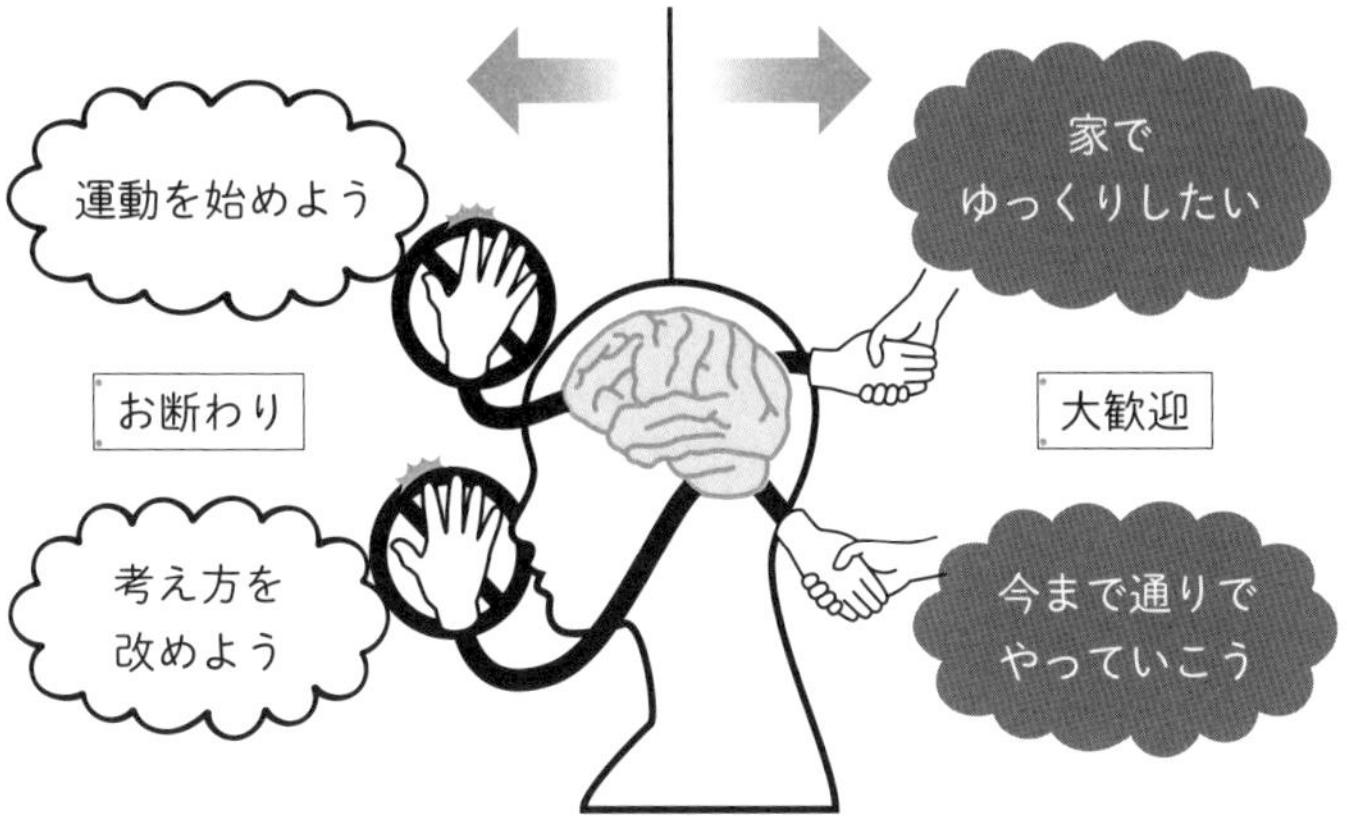

まず①「新しい回路よりも、使い慣れた回路を使いたい」についてです。

新しい習慣を取り入れるためには新しい回路を育てるわけですが、新しい回路を使おうとすると脳はそれを邪魔して、使い慣れた回路を使おうとするのです。

つまり**脳自体が新しい習慣を始めることを嫌っている**というわけです。

この脳の嫌がらせは具体的には、「今日はなんだか面倒くさいな」「また明日から頑張ればいいや」というやらない感情として表面に出てきて、いつまで経っても習慣を続けさせないように働きかけてくるというわけです。

新しい習慣を始めたものの、たいていの人がそれを途中で放り出す、そのすべての原因はここにあるといっても過言ではないでしょう。

「いや、でもいまの理屈だと、たとえ具体的なアクションを妨害されたとしても、意識さえ向けていれば習慣は変えられるでしょ？」と思う人もいるかもしれません。

でも、思い出してみてください。これまでにみなさんも、「この習慣続けてみたい」と思った経験があるはずです。**始めようと思ったときは、「長く続けたいな」と思っていたのではないでしょうか。でも続かなかった。それだけ脳の抵抗力は強いということです。**外部からの圧力ならいくらでも対策ができますが、体の中、しかも一番信頼している脳がそんな嫌がらせをしてくるという、あまりにも予想外の事態が発生しているのです。

たしかに受験生が「東大合格」という張り紙をベッドの上の天井に貼ったり、痩せたい人が「夏までに10キロやせる！」とメモを書いて冷蔵庫にデカデカと貼ったりすれば、意識付けのきっかけとなり、多少の効果はあるかもしれません。

しかし、実際の脳はそう簡単には変わりませんよね。

なぜ脳はこうした動きをするのか。

それは、少しだけ専門的な話になりますが、**ヒトの身体にはさまざまな内部環境を平衡《へいこう》に保とうとするホメオスタシスという機能があるから**です。

ホメオスタシスは防衛本能のひとつで「変わらない」ことで体の安全を保ってくれる機能です。たとえば、外気温が何度であろうと体温が平熱を保つことができるのも、体に入ってきたウィルスをやっつけてくれるのも、ホメオスタシスのおかげです。

この大変有り難い機能が、一方で習慣化の邪魔をするのです。逆にいえば、三日坊主の自分を責める必要はないということです。防衛本能を備えた全うな人間であれば当たり前のことだからです。


一方で、簡単に習慣化できてしまうこともありますよね。

わかりやすい例でいうと、ゲーム、SNS、ネットサーフィン、甘いものの大食い、お酒、タバコ、ギャンブルなど……、**「やめたいけどやめられない習慣」**です。

これらは、**2つ目の脳の摂理である「②苦痛よりも快楽のある回路を使いたい」に**

よって可能になっているのです。

先ほど習慣化は難しいとお話ししましたが、一方でこうした快楽をともなう習慣は簡単に習慣になってしまいますよね。

なぜやめられないのでしょうか？　また、なぜ簡単に続けることができるのでしょうか？

それは、楽しい、気持ちいい、心地よい、そんなとき**脳内は快楽物質のドーパミンであふれている**からです。ドーパミンが出ると、人はそのときの行動を快楽とし強烈な記憶として残します。すると、それを繰り返し求めるようになります。

一方、この強い刺激を何度も経験していると脳もその状態に慣れてしまいます。するとどうなるか？　もっと強い刺激を求めるようになります。

そして強い刺激を受ければ受けるほど、脳は刺激に慣れ、もっと強い刺激を求めていく。いわゆるゲーム依存、SNS依存、薬物依存、アルコール中毒などは、こうした悪循環に入ってしまった状態です。

脳は苦痛よりも快楽が好き

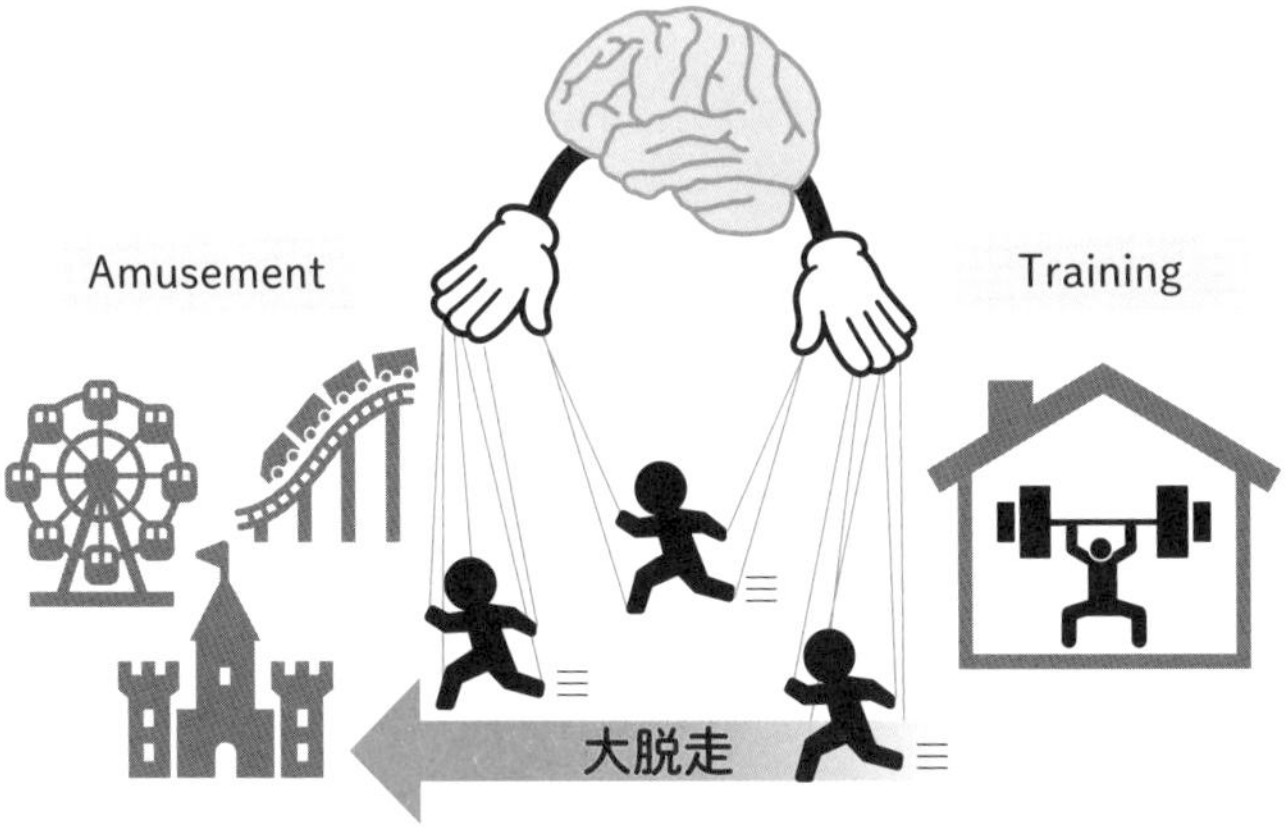

実はこのときも、ホメオスタシスが機能していて、今度は苦痛として働きます。たとえば薬物中毒の人が、薬が切れたあとに襲われる強烈な副作用。しかも、その苦痛を早く和らげたいと、さらに快楽を求める働きをします。ようは、**快楽をともなう習慣の場合、ホメオスタシスはブレーキ役ではなくアクセル役として機能する**のです。

このように脳には、新しいことよりもやり慣れたことを好む一方で、苦痛よりも快楽のある行動を好むという傾向があります。おかげで、**新しい習慣は始めることが難しく、逆にあまり始めたくない習慣は簡単に始められるという物凄い矛**

盾が発生しています。

逆にいえば、**この特性をうまく利用すれば、簡単に習慣化ができる**というわけです。

本書で私がお伝えする習慣の攻略法はまさにこの脳の習性を利用したものです。

詳しくは第2章でお話ししますが、ポイントは2つです。

①脳に新しい習慣だと認識させない

②快楽に相当する何かを用意する

「危機感」をコントロールできれば、どんな習慣も変えられる！

先ほど、快楽をともなうことは習慣になりやすいとお話ししましたが、たいていの習慣は快楽に頼ることは難しいと思います。では何に頼るか。

私はこれさえわかれば習慣化ができるのではないかと思い、過去の自分の体験を分析してみた結果、ある事実に気づきました。**習慣には、快楽のほかにもうひとつだけ、習慣になりやすい状況があった**のです。

たとえば、こんな状況です。

・虫歯になるから歯磨きをする
・体が臭くなるから、毎日お風呂に入る
・会社に遅刻するわけにいかないから、早起きする

先ほどの私のコンサル時代の話でいえば、会社をクビになるわけにはいかないから必死に学ぶしかないという状況です。

結論からいうと、**「危機感」があるかどうか**です。

つまり、新しい習慣を始めるなら、危機的状況が役に立つのです。言い方を変えると、快楽をともなう行動を除いて、なんとなく習慣を変えようとすることは、はっきりいって無理だと思います。

過去に何度も習慣化に失敗してきた人こそ、そして自分の意志の弱さや自制心のな

危機感が習慣を変えるカギ

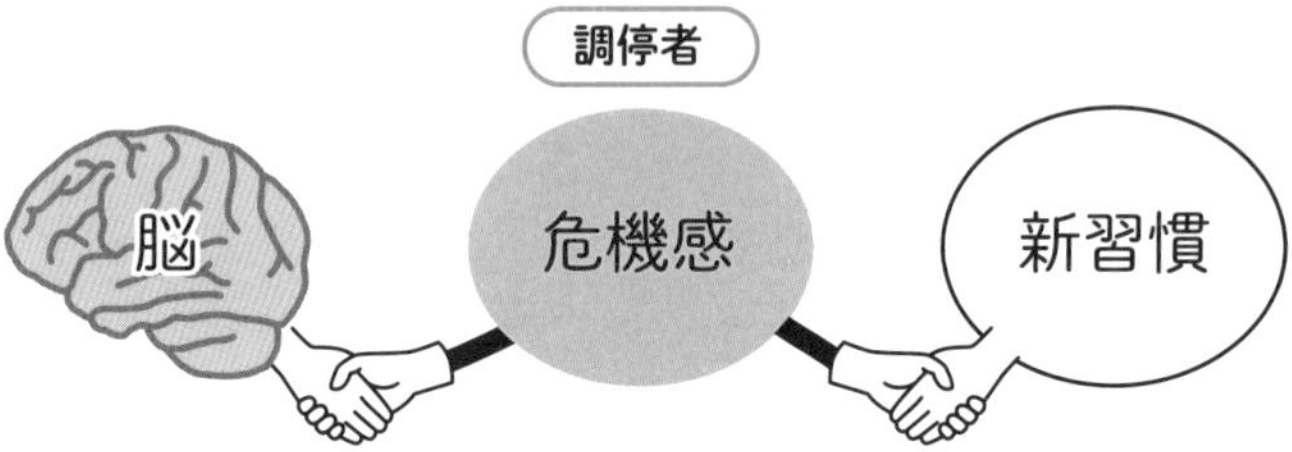

危機感があれば習慣を変えられる

さを情けなく感じている人こそ、小手先のテクニックに走るのではなく、危機感を原動力に動くという話はしっくりくるのではないでしょうか。

危機感があれば必ず成功するとは言い切れませんが、**成功率は間違いなく上がります。だから前提として「ヤバい！」「マズイ！」と本心で思える状態になっていることが不可欠で、習慣化について詳しく考えるのはその後の話です。**

習慣をテーマにした本で、この結論が書いてある本は少なくとも私は知りません。「習慣化は難しいですよね。でもこんな魔法のテクニックを駆使したら絶対うまくいきます」と知っておくべき事実をすっ飛ばしているか、危機感ドリブンのことは書いてあってもテクニックのひとつという位置づけがほとんどだと思います。

「危機感」に隠された驚くべき習慣化のインパクト

YouTubeで情報発信をしていると、次のような相談をよく受けます。

「ダイエットが続きません。助言をください」
「読書習慣が身に付きません。どうすればいいですか」
「タバコがやめられません。いい方法を教えてください」

私の考えはすべて一緒です。

「失敗するのは本気じゃないからでは？　本気ではないなら、そもそも習慣を変える必要はないのでは？」

ちょっとキツイ言い方ですが、実際にそうだと思っています。相手は励ましてほしい、話をきいてほしいだけかもしれませんが、そういった人を励ますのは優しさだとは思いません。

忘れてはいけないのは、**人が毎日行っている習慣の多くは本人がそれなりのメリットを感じていること**です。

ダイエットが続かない人は好きなものを好きなだけ食べることに幸せを感じているかもしれないし、読書習慣が身に付かない人は読書以外に楽しいことがあるのです。タバコをやめられない人のなかには、タバコのおかげでなんとか精神状態が保たれている人もいるはずです。

「幸せ」「楽しい」「安定」。こうした欲求に打ち勝つのは大変です。

習慣を変えるにはこうした**「メリット」を上回るだけの「何か」が必要**になります。

「インフルエンサーがすすめていたから」「痩せたらモテるかもしれないから」「周りがやっているから」といったフワフワした動機では難しいと思います。

その天秤をひっくり返す**可能性が一番高いのは、内から湧き出る危機感**である、というのがこの本で私が一番伝えたいことです。

世の中には「これをやる！」と決めたら習慣をガラっと変え、最後までやり抜くストイックな人たちがいます。

そういう人たちを見てほとんどの人は「なんて意志が強いんだ。私もそんな意志力がほしい」と感じるのではないでしょうか。

彼らの強い意志はどこからくるのか。

たいていの人は、新しい習慣を始めるとき、「自堕落な自分を変えたい！」「とりあえず今よりよくなりたい」「なんとなく現状を変えたい」というフワッとした意志で始めるものだと思います。私の場合もそうでした。

でも、コンサル会社に入って気づいたのですが、習慣化を次々に成功させていく人たちの意志は、実はそうではありません。**「上位にある目標を達成したい！」という強い意志とそこからくる危機感**です。

アスリートや起業家、「この道を極めるぞ！」と決心した人や、性格的に負けず嫌いの人、ハングリー精神旺盛な人たちがひたむきに何かに打ち込めるのは、明確な目標を持ち、それを達成できなければ「自分の存在価値はない」「死んでいるのと同じ」という強烈な切迫感を持っているからです。つまり、本人が意識しているかいないかわかりませんが、**危機感ドリブンで動いている**のです。

では、どうやったら意志力を鍛えられるのか。答えは簡単。本気でヤバいと思える「状況」を作り出す、もしくはそう自分に気づかせることです。

「習慣を積み上げる」ことで、少しずつ自分をアップデートしていく

習慣を自分のものにするためのコツは、つかんでもらえたでしょうか。

一方、危機感があれば、たいていの習慣は続けることができますが、ここであえて**「安易な習慣化チャレンジはやめておいたほうがいい」**という話をしておきたいです。

それは仮に習慣化に成功したところでそれが各自の人生にプラスに作用する保証はまったくないからです。

たとえば、あるカリスマ経営者がインタービュー記事で早起きを奨励したからといって、体質的に夜型の人もいます。そんな人が無理やり早く寝床についても結局、寝つきが悪くなり、慢性的な睡眠不足で仕事のミスが増えるかもしれません。

本やネットには「この習慣を取り入れたら絶対に人生がうまくいく」といった「AならばB」的な情報が溢れていますが、**万人に共通とはかぎりません。**どんな習慣をやめるべきか、あるいは取り入れるべきか、そしてそれが本人にどんな影響をもたらすのかは、本来、人によってバラバラのはずです。

自分の特性や置かれた状況、そしてなんといっても上位の目標を客観的に分析して、しっかり考え抜いたうえで吟味する必要があります。

習慣化はただの手段にすぎません。危機的状況を脱する、夢をかなえるといった目的に近づくためのひとつの手段。「ようやく早起きが習慣化できた。これで俺は成功者になれるぜ！」という人はいないはずです。でも、ひとつ習慣を変えることができれば、そのひとつが体内で化学反応を起こし、必ず何かを変えているはずです。

あとは、それをきっかけに、さらに新しい習慣を取り入れて、**自分にあった最適な**

習慣をカスタマイズしていくことができれば最強だと思っています。私は今も自分に合った最適な習慣をアップデートし続けています。変化する時代の中で、生き残っていくためにはそれが欠かせないことだと考えているからです。

そのときに大切なのが、**「人生を変える」といった上位にある目的**です。この起点があることで、ブレずに自分を進化させ続けることができます。

どんな習慣を取り入れるのかは自分がやるべきことや克服すべき課題などを整理した後に、一つの解決策として試してみるのが一番です。習慣は手段です。ひとつの習慣がうまくいかなかったら、ほかの方法を取り入れましょう。

「この習慣が身に付かなかったら人生終わり」みたいなことは、死に直結する薬物中毒などを除けばまずありません。特定の習慣に極端にこだわる必要はないと思います。

誰かが実践している習慣を知って、「これいいかも」と感じることもあるでしょう。そういう習慣はどんどん試してみるべきです。ただし私はそういうとき、「なぜいいと思ったのか？」「それをしたら自分にどんな変化がありそうか？」と考えるようにし

目的を自分に合う習慣をどんどん試す

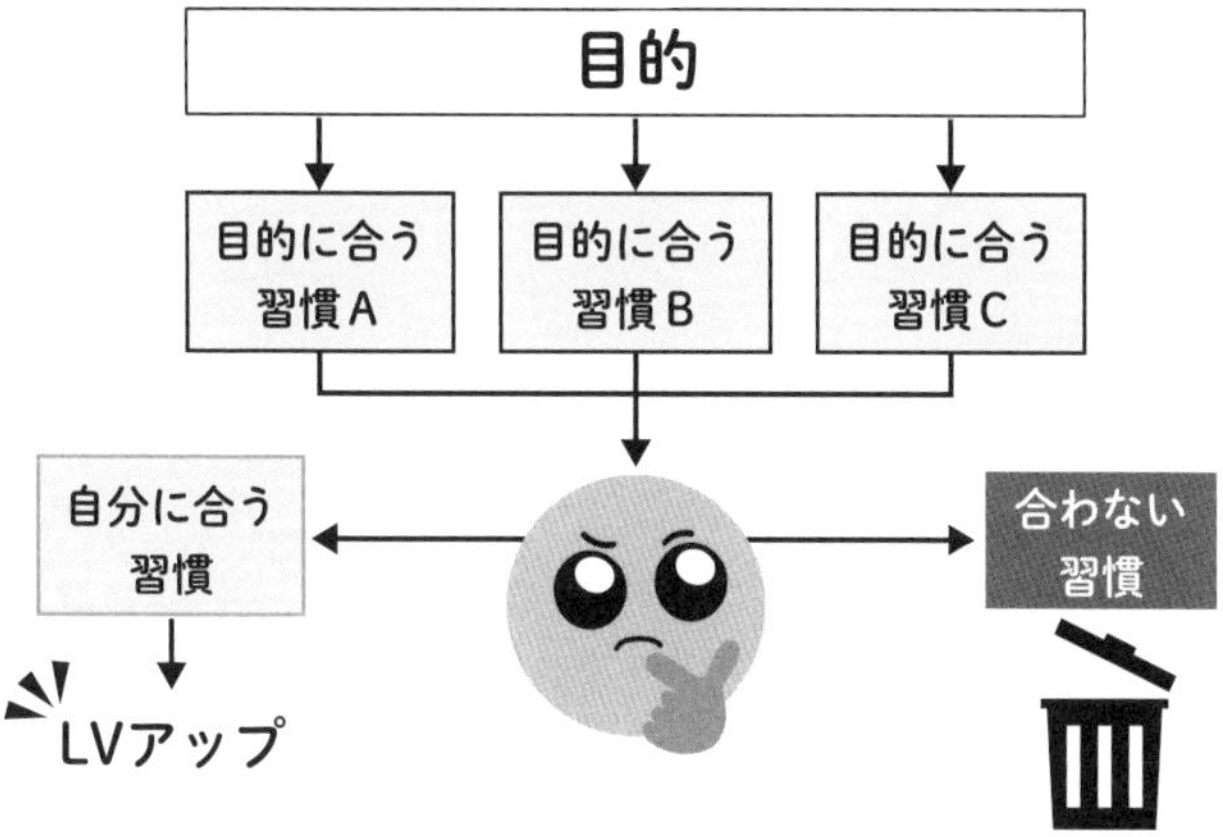

ています。**自分なりにそれを始める理由や目的を整理する**ためにです。

ときには、究極の問いですが「自分はいったい何を目指しているのか？」まで考えることもあります。

そこで危機感や渇望感のような強い感情が湧いてきたら、試してみる価値は大いにあり。絶対にその習慣化に成功するとはかぎりませんが、成功確率は確実に高まります。

逆に、自分にいくら問いかけても心がピクリとも動かなかったら、やる価値はないと判断したほうが賢明です。どうせ失敗するでしょうし、成功しても何も変化をもたらさない可能性が高いからです。

「小さな危機感」がある人はいまを変える力を持っている

○ 自分を変える環境に、自分を連れて行ける

× 今を変えたいけど、環境は変えたくない

- どう行動していいかわからない人
- 気づくとグチばかりの人

人生のすべてを変えるためにいい習慣を持つ

ここでまた章の冒頭で挙げた言葉を思い出してみてください。

「人生が好転する気配がない」
「努力がまったく報われない」
「今を変えたいけど、どうしていいかわからない」

こうした悩みを本気で抱えているのだとすれば、やるべきことはひとつしかありません。

いま置かれている状況から脱することです。

環境が変わらないなら、その状態で精神状態が安定している可能性があります。いわゆるコンフォートゾーンにいる状態です。不満を抱えているのに、グチを言って、人のせいにしているだけの人がいるとしたら、そこに安心感を持ち固定化されている恐れがあります。

コンフォートゾーンは確かに居心地はいいのですが、そこにいるだけではいつまで経っても物事は前には進みません。

たとえば私の友人で、会うたびに「結婚したいけどできないんだよ」とグチをこぼす男性がいます。話を聞くと、「給与が安すぎて家族を養うなんて無理」と言うばかりで、その後は決まって政府の政策についてブツブツ文句を言っています。

「結婚できるように何か努力している？」と聞くと、「たまにビジネス書は読んでる」「ちょっとずつ積み立てはしている」「男性用化粧品を使っている」と漠然《ばくぜん》とした答えしか返ってきません。

「たとえば収入を増やしたいなら副業は？　やり方は教えてあげられるよ？」と伝えたこともありますが、「え？　まあ……考えておく」という返事。「いっそのこと結婚相談所に登録すれば？」とアドバイスしても、「いやぁ……まだ30代だし」と抵抗を示します。

これは、コンフォートゾーンに篭《こも》ってグチだけこぼす人の典型例です。口では「結婚したい」と言いつつも、結局は自由きままな独身生活が捨てがたいのでしょう。

コンフォートゾーンを飛び出す方法はいくらでも考えられます。たとえば、

転職する、副業する、独立する、大学院に入る、海外留学する、資格試験を受ける、大会にエントリーする、弟子入りする、移住する、親元を離れる、自分より優れた人たちとつるむ、結婚する、離婚する、子どもをつくる、夢を公言する

などいろいろあります。**環境が変わり、チャレンジングな目標ができ、なおかつ外部からの圧力が強制的にかかるような状態が理想的**です。

まったくおすすめはしませんが、コンフォートゾーンを脱するこんな方法もあります。

あえて貯金を食いつぶしたり、仕事を失ったり、留年したり、病気を患ったりする

という「悪習慣を思う存分やり続ける方法」です。気づけば嫌でも危機的状況に陥りますよね。もちろん大半の人はやり始める前に、そんなのヤバすぎと気づくと思いますが。

危機感ドリブンの効果は、ライザップの成功をみるとよくわかります。

ありとあらゆるダイエット法を試して長続きしなかった人たちが、なぜライザップに加入したら成功するのか？　それは専属トレーナーの**監視のもとで日常生活を送る仕組みが用意されている**からです（毎食の内容を報告する必要がある）。「ちゃんとしなきゃヤバい！」と感じるからやる。危機感ドリブンじゃないと人は変わらないことを十分理解しているからこそできたビジネスモデルだと思います。

起業家、経営者、アスリートの「自分を変える方法」をまねする

「危機感とかちょっと怖すぎなんだけど」と思うかもしれません。

しかし、みなさんはすでに人生を変えたいと思ってこの本を手に取られています。大きな一歩とまではいきませんが、不満を垂れているだけの人と比べると半歩先を行っています。この勢いで、もう1、2歩、前に進んでみてはどうでしょうか。

生きるか死ぬかのような大きなリスクを背負う必要はありません。でも、ノーリスクでは意味がありません。新しい刺激をどんどん受けられそうな環境、がむしゃらに努力しないと追いつけないような環境、だらしない自分を叱ってくれる人がいる環境などを探してみてください。

起業家は、文字通り起業することで、自分を追い込みます。

経営者は、会社を潰すわけにはいかないという切迫感で、自分を追い込みます。

アスリートは、その短いスポーツ人生で少しでも輝くため、自分を追い込みます。

歴史を変えた偉人の多くは、自分が変えなければ誰が変えるのか、という意志で自分を追い込んだのではないでしょうか。

程度の違いはあるけれども、**誰もが自分を変える状況に、無理やり自分を追い込み、それをエネルギーにしてきた**わけです。

では一般人のわれわれはどうすればいいのか。

もちろん、彼らのような大きなきっかけを用意するのは難しいですし、私もそんなに大きな野望は持っていません。でも、習慣を変え、人生を変えることができました。

そのために必要だったのは、擬似的に危機感を作り出し、エネルギーを得ることでした。おそらくこの本を手にした人は、すでに小さな危機感を持っているはずです。でなければ、1冊1500円以上する単行本をわざわざ手に取るはずはありません。かつての私もそうでした。

あとはその**小さな危機感を大きな危機感へと育て、それを原動力に行動できる**ようになれば、かつての私がそうだったように今を変えることができるはずです。

ハック大学式「習慣化のルール」まとめ

危機的状況に身を置く。そこではじめて「どんな習慣を取り入れようか?」「どうやったら続けられそうか？」といったことを考えるタイミングがやってきます。

習慣を取り入れやすくしたり、継続しやすくしたりするテクニック的な話は次章で詳しく解説しますが、ここでは章のまとめとして、習慣化に挑むうえで大切なことを整理しておきます。

【危機感ドリブンで自分を突き動かす】

脳は本能的に苦痛を避け、快楽を求め、変化を嫌う仕組みになっています。たいていの人はそれを理解しないまま行動して習慣化に失敗するわけですが、それを克服するためには、危機的状況に自分を追い込むことです。尻に火がつけばおのずと強い意志が持てるようになります。

【目的を達成するために、習慣をつかう】

習慣は上位にある目的を実現するための手段です。習慣自体が目的になってしまうと、それを継続するのはめちゃくちゃ難しいです。結局、習慣は手段です。

一方、手段だからひとつの習慣にこだわる必要もなければ、試して自分に合わなければ、他の手段（習慣あるいは行動）を探すトライ・アンド・エラーでやり抜いていつか成功すればOKです。

【自分の攻略本をつくる】

人は易きに流れやすいので「万人共通の絶対解」を求めがちです。残念ながら、そんなものは存在しません。ちょっと考えれば当たり前で、そんなものがあれば今ごろ全人類みんな幸せになっています。

つまり、どんな習慣を取り入れたら効果があるか、あるいはどんな方法なら習慣化しやすいかは人によって違うのです。そのとき、自分なりに答えを探していく謙虚で真摯な態度が欠かせません。

自分で自分をコントロールするマニュアル、攻略本を少しずつ作っていくイメージです。

【自分のクセを100%知る】

自分をコントロールするマニュアルをつくるうえで欠かせないのが、自分を知ることです。

「自分はこういうエサをぶら下げるとモチベーションが高まりやすいかも」
「自分はこういう制約をつくってしまうとテンションが下がりやすいかも」
「自分はモチベーションが落ちたとき、こんなことをすると復活しやすいかも」

自分のクセを知ることで習慣化の成功確率が上がっていきます。世の中には新しい習慣を取り入れることが比較的得意な人もいるわけですが、そういう人たちは危機感をうまく使っていることに加えて、**自分のクセを知っている人たち**です。

では、どうやったら自分のクセがわかるのかといえば、経験を積むしかありません。その点、危機感ドリブンで人生や習慣を変える経験を何度か積んでいくと徐々に自分なりのコツがわかってきます。もちろん成功体験だけではなく、失敗体験も大きな学びになります。それらを賢く使いながら、自分の人生をつかむ方法を2章ではお伝えしていきます。

第2章

これなら できる！ 習慣化の 6つのステップ

みなさんがこれから取り組む習慣化という作業は、
ここまでにお話しした通り、
「本能の自分」との激しい長期戦であり、一筋縄ではいきません。
その勝率を少しでも上げるためには、
脳にこっそりアクセスし、本能的な自分を乗りこなし、
ときには悪習慣をぶった切る必要があります。

この章では、ありとあらゆる習慣化の方法を試した結果、
いま私が一番効果的だと考える習慣化の方法を紹介します。

いろいろ試してわかった習慣化の6つの黄金ステップ

この章では、私が試した中で、最も意味があるという結論にいたった習慣化のプロセスをお話ししていきます。

習慣化の方法は脳をだましてみたり、自分にご褒美を用意してみたり、根性論でひたすら頑張ったりと、人それぞれの方法があります。当然、根性論でうまくいく人もいれば、それだけではうまくいかない人もいます。なので、一概に誰にでもあてまはる方法はないかもしれません。

私は昔から根性論が苦手なタイプだったので、根性論だけで何かをしようとしてもうまくいかないことがほとんどでした。冷めてしまうんですよね。おそらく多くの人もそうなのではないでしょうか。**同じ感情を抱いていた人にとっては、私が自分を変えた方法は、参考になる**はずです。たとえば、

・物事を長続きさせるのが苦手
・新しいことは好きだけど、継続は苦手
・しばらくは続けられるけど、ずーっとは難しい

といった心当たりがある人はぜひ試してみてください。

試行錯誤を繰り返した結果、まとめると、習慣化は次の6つのステップでやると一番効果的だという結論に至りました。

①危機感を見つける
②目的、目標、行動を設定する
③タスクのハードルを下げる
④やる気になる「メリット」を用意する
⑤長続きする仕組みをつくる
⑥失敗から「自分の攻略本」を作る

順番に、それぞれの項目の内容を解説していきます。

また、イメージしやすいよう、かつて私が**ＹｏｕＴｕｂｅを始めるときに、この仕組みをどのように使ったのか**をなぞりながらお伝えしていきます。

もしこれから副業を始めようと考えているなら、それがＹｏｕＴｕｂｅではないとしても、基本的な考え方が参考になるはずです。コーチングのときも、副業を始めたいという相談があったときには、このステップを紹介するようにしていて、**実際にこの方法で副業を成功させている人も多くいます。**

ステップ① いまと未来をくらべて、「危機感を見つける」

第1章でもお伝えしたとおり、まずは、「自分を追い込まざるを得ない状況に身を置くこと」が習慣化の最初のステップです。

習慣化の6つのステップ

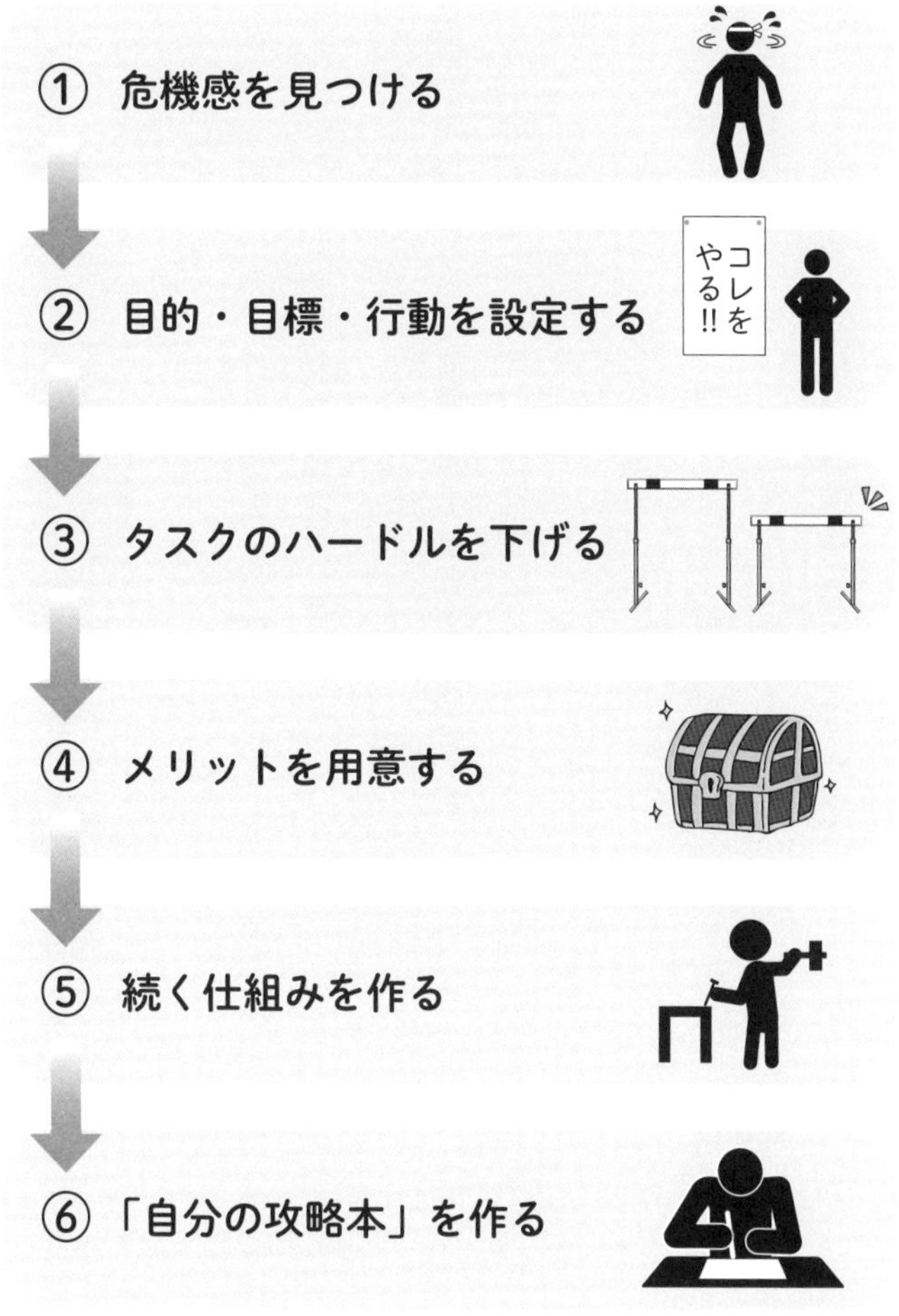

① 危機感を見つける
② 目的・目標・行動を設定する
コレをやる!!
③ タスクのハードルを下げる
④ メリットを用意する
⑤ 続く仕組みを作る
⑥「自分の攻略本」を作る

三日坊主で何かが終わるとき、「最初はやる気があったんだけど……」という言葉をよく聞きます。「やってみたい」「こんな風になりたい」という願望ともいえますが、もしそれがうまく続かなかったとしたら、そもそも動機として弱かったと考えられます。

つまり、理屈やちょっとした願望レベルではなく、本能的に「やらなきゃマズイ」と思えているかどうかが習慣化のキモなのです。

危機感を持つには、**「自責思考で現状を言語化する」**ことです。

自責思考とは、「すべての責任は自分にある」と考えて思考、行動することです。対概念として他責思考があり、こちらは「すべての責任は他人にある」と考えて思考、行動することです。

たとえば、どうしようもない状況に追い込まれたときに「誰かどうにかして！」という人と、「しょうがない。自分になにができるだろうか？」という人がいたとします。どちらの人のほうがその状況を脱する可能性があるでしょうか。間違いなく、後者です。

自責思考で危機感を持つ

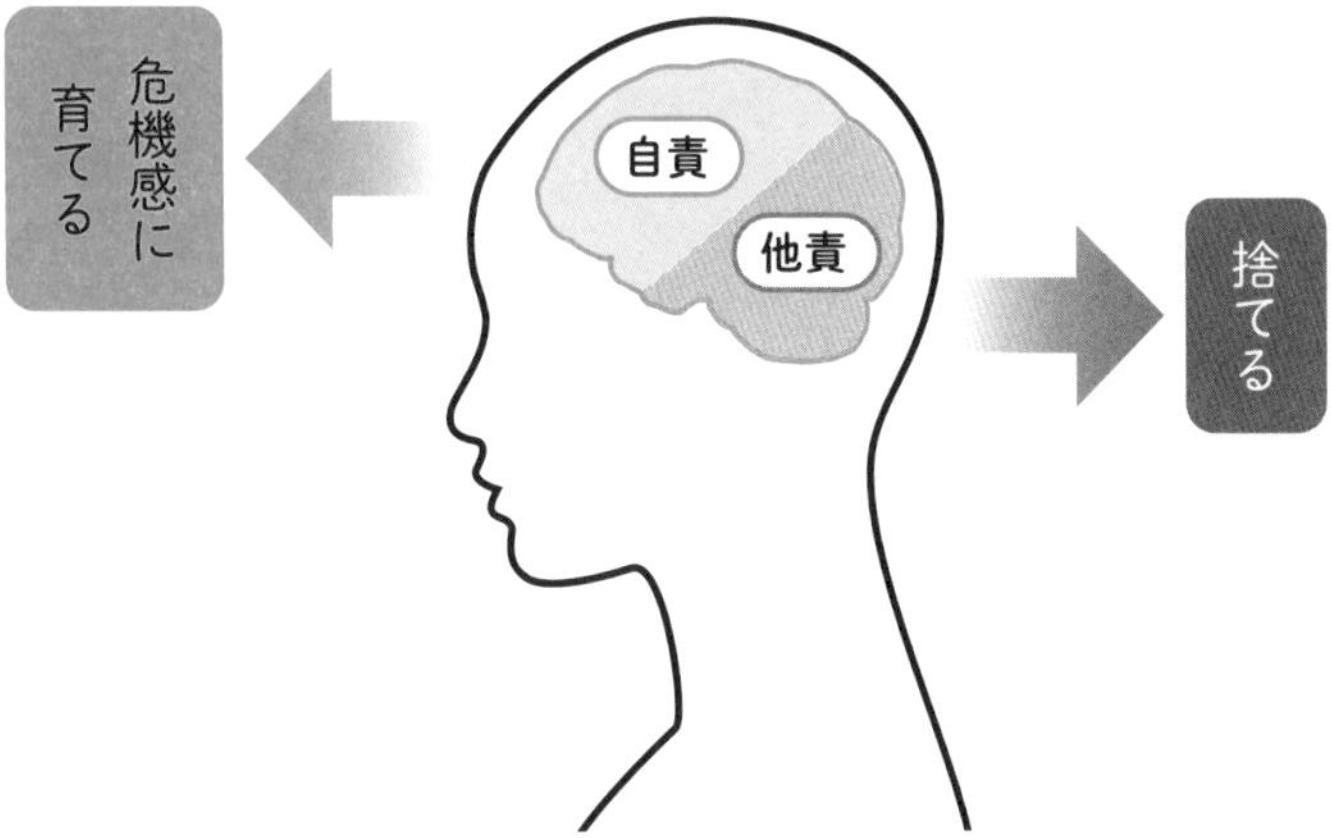

このときの**「誰か助けて」という思考が他責思考、「自分でどうにかしなきゃ」という思考が自責思考**です。

自責思考だと普段よりも深い思考を強制的にせざるを得ない状況に追い込まれたとき、「どうにかしなきゃ！」という思考に切り替わるので、一瞬、頭が真っ白になったとしてもその後は解決策を模索するようになります。

私がYouTubeを始めたときも、自責思考になることで危機感を生み出しました。

YouTubeを始めた当時、正直な話をすると収入に困っていませんでした。

コンサル時代に培った知識や技術のストックのおかげで、新しい職場では十分な成果を上げることができていたからです。

でも一方で、**このまま安住していていいのかなという不安**がありました。

そこで始めたのがＹｏｕＴｕｂｅです。ただし簡単ではありませんでした。コンサル時代と違って明確な危機的状況にあるわけでもなければ、生活に困っていて副業を始めないといけないというわけでもありませんでした。

つまり、あえて苦労や努力をする必要がない状態だったのです。

とはいえ、先ほどの不安はなんとなくですが、感じていました。そこで**その不安をもう少し具体的な言葉にしてみました。**何に対する不安なのか、なぜそれを不安として感じているのか。

理想の自分＝自分・家族の人生を豊かにできる人であること
最悪の自分＝今の人生が瓦解し望まない生き方をしないといけない
最悪の自分の不利益＝人生を楽しめない、幸せになれない
この不安はどこからくる＝今のスキルが今後も通用するかわからない

その結果、こんなことがわかりました。

「今に対する不安はないけど、現状の能力でこれから先もやり過ごすことができるのか不安」

つまり、**新卒で入った会社で感じていたのと同じような不安を感じていた**のです。

確かにコンサルでそれなりの力を身につけることができ、新卒の頃とは随分、立ち位置も変わったものの、変化する世の中のなかで、このままでいいのか。

もはや会社にも誰に頼ることもできない立場になったからこそ、改めて自分でどうにかしなきゃいけないという「自責思考」に立ち返れました。

そこで始めたのがビジネスパーソン向けのＹｏｕＴｕｂｅでした。まずはビジネスパーソン向けに動画コンテンツを作り、そこで自分のやってきたこと、考えが評価されるかを試してみる。そして、会社とは違う仕事の場を手に入れることで、さらにビジネスパーソンとしての力に磨きをかけることができればいい。

そして最終的には、**会社に頼らなくても生き抜くだけの基盤をつくることができれ**

ばこの不安は解消されるはず。

ビジネスパーソンとしての能力は十分あるはずなのだから、今度はそれを使って世の中に還元するようなことができないかと考えたのです。

逆にそれができなかったとしたら、いつか今の生活に別れをつげないといけないかもしれない……そうやって危機感を醸成しました。

このように、**もし今、危機感をしっかりと認識できていなかったとしたら、将来を具体的に想像してみて、そこから危機感を得る**というのがおすすめです。再現性があるようにわかりやすくまとめると、次のような感じです。

①「理想の自分」と「最悪の自分」を言語化する
②どんな不利益があるのかを具体的に洗い出す
③一番ありたくない自分の姿から危機感を想像する

ステップ②
目的・目標・行動を設定して、「ブレない危機感」にする

危機感を持てたら、次は「目的と目標の設定」です。やめる習慣、新しく始める習慣を決める段階です。

習慣化がうまくいかない人の多くは、このステップを省略して、いきなり習慣化に取り組む傾向が強いです。ここをスキップしたい気持ちはとてもよくわかりますが、習慣化の成功率を高めたいのであれば、このステップを丁寧に行いましょう。

このステップでは、次の段取りで目的と目標を明確にします。

①目的を明らかにする
②目標を出す
③やるべき行動を出す

目的とは、「何よりも優先して達成したい目的」です。私のYouTubeであれば「自分・家族の人生を豊かにすること」となります。

ほかにも、趣味にもっと打ち込みたい、親孝行、健康長寿など何でも構いませんが、**それを達成したらもうそれ以上に達成したいことはないというレベルのこと**を考えてみてください。

目的が決まったら、そこを頂点としたロジックツリーを組み立て、目標と行動に分けていきます。ロジックツリーは聞いたことがある人もいるかもしれませんが、コンサルの現場で頻繁《ひんぱん》に使われる問題解決のための分析手法です。難しそうに聞こえるかもしれませんが、**やることは単に物事を分解するだけ**です。

まずは目標です。「どんなことが改善できたら目的を達成できるか」を考えてみてください。私のYouTubeの場合では、こんな感じでした。

- 副業を始める
- 仕事の質を上げる
- 学びの場を増やす

ピラミッド形式で目的・目標・行動を設定する

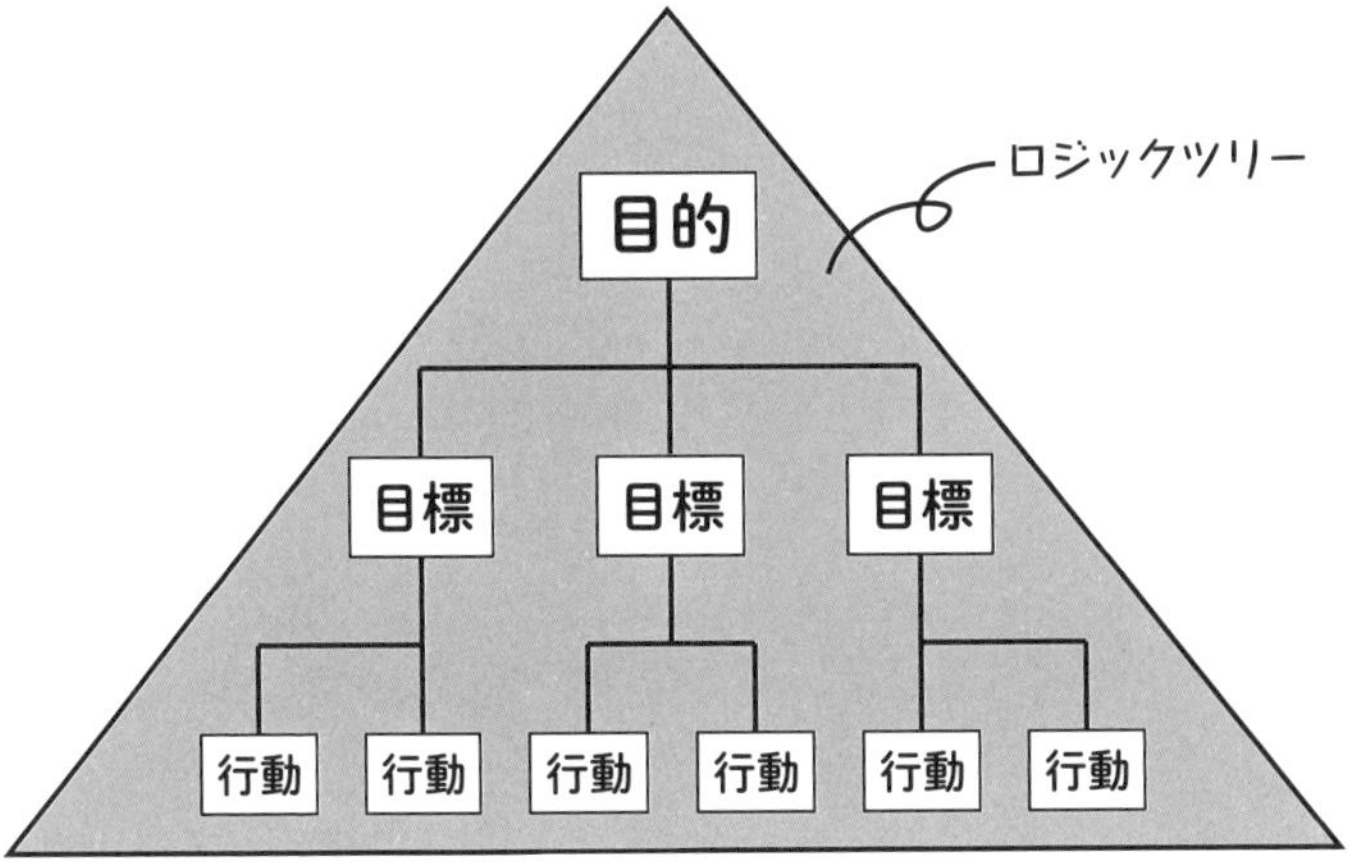

この段階では、とりあえず効果がありそうだなと思う課題をざっくり書き出します。

もしも後から挙げた課題をすべてクリアしたのに、最上位の目的が達成できていなかったら、そのときに「ほかに見落としていた課題はないか？」と考えればいいからです。

このままだとまだ漠然としすぎているので、もう少し細かく目標を書き出したいので、さらにサブ目標を書き出していきます。

P75の上段のような感じで思いつくものをどんどん書き連ねてみてください。

図の上段のようにある程度、やるべきことがはっきりしたら、次は「具体的になにをすべきか？」、つまり行動を考えます（まだ粒度が荒いと思ったらさらに目標を分解しても構いません）。

課題を分解していくと、具体的なアクションに落とし込めるものもあれば、日々の習慣（行動あるいは考え方）に落とし込まないといけないものもあります。

この段階分けは、コーチングでもよくやってもらうのですが、慣れれば15分くらいで済みます。**慣れていない人でも、30分くらいかければ相当な深堀ができます。**

課題を可視化すると、やるべきことが明確になるほかに、「何から手を付けるか」などの優先順位も明らかになります。

とくに習慣化は長期間になるので、途中で「本当にこれって意味があるんだろうか？」と思ったら負けです。だんだん集中力が切れてきて、辞める言い訳（自己正当化）ばかり考えるようになり、「くだらないから辞めた」とサジを投げるのが目に見えています。

でも課題の分析ができていれば「これを成功させたら自分が成し遂げたいことに一

ハック大学をスタートするまで!

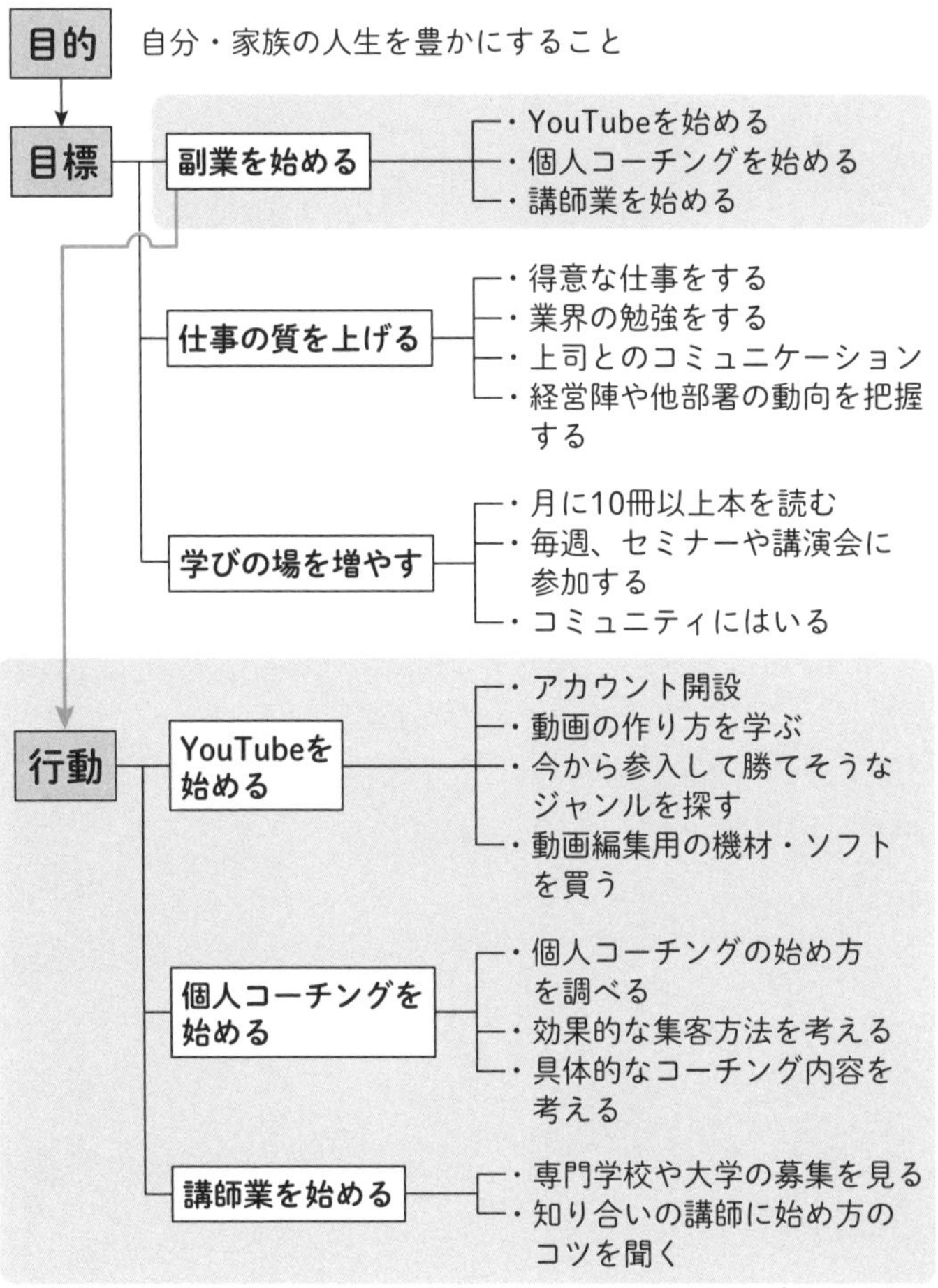
目的
自分・家族の人生を豊かにすること
目標
副業を始める
・YouTubeを始める
・個人コーチングを始める
・講師業を始める
仕事の質を上げる
・得意な仕事をする
・業界の勉強をする
・上司とのコミュニケーション
・経営陣や他部署の動向を把握する
学びの場を増やす
・月に10冊以上本を読む
・毎週、セミナーや講演会に参加する
・コミュニティにはいる
行動
YouTubeを始める
・アカウント開設
・動画の作り方を学ぶ
・今から参入して勝てそうなジャンルを探す
・動画編集用の機材・ソフトを買う
個人コーチングを始める
・個人コーチングの始め方を調べる
・効果的な集客方法を考える
・具体的なコーチング内容を考える
講師業を始める
・専門学校や大学の募集を見る
・知り合いの講師に始め方のコツを聞く

歩近づける！」と自分を説得しうるエビデンスにもなります。

やるべきことが決まったら、何からやるかですが、ここはシンプルに、

・ハードルが低そうなものからやる
・ハードルが高そうなものはインパクトが大きそうなものをひとつ選んで挑戦する

だけで考えて、とにかくやるようにしています。

ステップ③ ハードルを下げ、「やりやすくする」

具体的な行動、やるべきことが決まったら、やるためのハードルをできるだけ小さくします。

何か新しい習慣を始めるときは、下げられるハードルは下げ、緩められるルールは

ハードルは下げるが勝ち

緩め、**後から過度の重荷にならないように気を付けています。**ただでさえ新しいことをするのは重荷ですから、ハードルは低ければ低いほうがいいのです。

たとえばジョギングをやろうと決めたときに、次のどちらがより長続きしそうでしょうか。

・毎日やると決めた人
・週に最低でも3回走る人

後者ですよね。最初から毎日走ろうとして、1日目、2日目はうまく続けられたとしても、3日目は続けられないかもしれません。「なんとなくめんどくさいから」という理由もあれば、「急に仕事が忙しくなったから」という場合もあるでしょう。でも、週に3回なら、「1、2日目はやったから、また週のどこかですればいいや」と罪悪感なしで気持ちを持続させることができます。

最初の1週間くらいはモチベーションも高いので、高いハードルや厳しいルールを設定しがちです。「このくらいなら頑張ればできる」「負荷が大きいほうが効果も大きいだろう」と考えるのもよくわかりますが、**高いハードルは長い目で見るとジワジワと負担**になります。

こういうとき、私は「しょせん人間だから」と考えるようにしています。

「しょせん人間だからムラがあって当然」
「しょせん人間だから面倒なことは続かない」
「しょせん人間だから失敗する」

人はロボットとは違います。昨日できたことが、今日できるとはかぎりません。昨日は乗り気だったのに、今日はやる気が起きないのも当たり前。毎回「完璧なアウトプット」を自分に求めてしまうと、できないときの焦りや不安、自己否定など、ネガティブな感情が芽生えやすい。これをできるだけ避けるために、**自分のなかに許容できる「遊び」をつくっておく**ようにしています。

こう考えられるようになると、日々のストレスも減りますし、より現実的な対策が打てるようにもなります。ちなみに、「しょせんは自分だから」という考え方はやめておきましょう。それは自己肯定感を下げるだけの考え方で、やる気をそぐだけだからです。

YouTubeの話でいえば、最初は1日30分だけ動画作成の作業をするというのを日課にしていました。

もちろん、最初から1日1本動画をつくるというのでもいいのですが、動画を作ったこともなかったので、少しずつでもいいので、**まずは動画ソフトで動画をつくることに体を慣らすことを優先**しました。

また、ソフトの仕組みがよくわからないので最初は座学からという人も多いと思いますが、作りながら勉強したほうが、分からないところをピンポイントで学ぶことができるので、無駄なく最速で学ぶことができます。

ステップ④ やる気になる「メリット」を用意する

「辛い」「きつい」「面倒くさい」といった負の感情に勝る「何か」があれば習慣を続けられると触れました。その基本となるのが危機感ですが、危機感は時間が経つにつれ薄れやすくもあるので、初動では役立ちますが長期的にはコントロールが難しいという欠点もあります。

そこでもうひとつの「何か」が必要になります。

それが**「メリット」**です。

ただし、「これが終わったらお菓子を食べる」などの即物的なメリットはおすすめしません。「我慢」によるストレスが実践のハードルを上げる可能性があるからです。

また、短期的に効果があったとしても、長期的にはどうしても飽きてしまいます。

そうではなく、**「楽しい」「うれしい」「得をした」「もっとやりたい」**といったプラス**の感情が湧き出るような精神的な体験をメリットにするのがベスト**です。それがあると、自分でも驚くほどすんなり習慣化できることがあります。

たとえば私は毎朝、起きたらすぐに冷水でシャワーを浴びています。免疫力アップや、朝からシャキっとできると聞いて始めたのですが、正直、最初は継続する必要性は感じていませんでした。

でも、いざやってみると全身の細胞が一気に覚醒していく感覚と、冷水を浴びたあとに体の内側から温まっていく感覚がありそれ**が気持ちよくて、自分でも驚くことにいまだに続いています**（心臓が悪い人にはおすすめしません）。また副産物として、「こんな過酷な習慣を続けられている自分ってスゲー」という自信にもつながっていることも大きいです。

冷水シャワーのように、メリットをすぐに実感できる習慣もありますが、そうではないもの（苦痛でしかないもの）も当然あります。そういう場合は、「おいしいものを食べる」というのを糸口にしてもいいですが、もっといいメリットも探し続けましょう。できるだけ早い段階で自分なりにメリットを感じることができる仕組みやルールを取り入れるようにしています。

どんなことに胸がときめくのかは人それぞれなので一概には言えませんが、私の場合は次のような感じです。

- ジョギングをする→景色のいいところを走る／天気のいいときだけ走る／走った記録を可視化する　など
- 早起きをする→早朝割引のサービスを受ける／朝陽が綺麗な場所に散歩する／パン屋で焼きたてを買う
- ダイエットをする→体脂肪と体重を記録・グラフ化する

ＹｏｕＴｕｂｅをやっていたときに「メリット」にしたのは、**最初は全く新しい動画編集ということを学んでいることの面白さ**でした。でもやはり、しばらくすると単調な勉強なのでそのメリットも長続きしません。

でも、そうこうしているうちに、動画をアップするようになりました。すると、面白いほど動画の視聴数が伸びるようになり、**今度はその右肩上がりの伸びがメリットへと変わりました。**始める前は気づかなかった盲点でした。

誰かから認められているという達成感は、やはり励みになります。

ステップ⑤「続く仕組み」を作る

危機感、目的、メリットの3つがそろうとかなり成功率は高まるはずです。

ただし、私の経験からすると、まだ足りません。それでもなおモチベーションの維持が難しかったり、脳が拒絶反応を示しているなと思うことがあるからです。そんなときに取り入れるのが次の2つのテクニックです。

①既存の習慣に紐づける

既存の習慣に新しい習慣を紐づける方法です。
新しい習慣を始めるとき、わざわざ「いまからやるぞ！」と気合を入れて、その時間を確保することは決して簡単ではありません。しかも最初のうちはできていても、**徐々に「面倒くさいな」と感じるようになってくる**ものです。そこで既存の習慣と一緒にやってしまうわけです。

たとえば、

・部屋の片づけ↓夜、歯を磨きながら部屋をざっと片付ける
・ＴｏＤｏリストの整理↓朝食、昼食を食べるときにＴｏＤｏリストを確認する
・英語の勉強↓電車に乗ったら単語アプリを開く
・筋トレ↓トイレ↓コーヒーを淹れるたびに腕立て20回
・読書↓トイレに本を常備する
・ストレッチ↓入浴後にストレッチ

すでにある習慣を引き金として使うことで、新しい習慣の初動のハードルが下がり、

スムーズに定着するようになります。

②第三者や環境を利用する

周囲の力を使って半ば強制的にやらざるを得ない仕組みをつくる方法です。

「やらなきゃマズイ!」をさらに足せばいいという発想です。

定番のテクニックをいくつか挙げておきます。

・誰かと一緒に挑戦する
・コミュニティに所属する
・周囲に目標を宣言する
・目標未達のペナルティーを設ける
・有償の大会や試験にエントリー

一番のおすすめはコミュニティに入ることです。

たとえば、読書習慣を定着化したいなら読書サークルに入る、早起きしたいなら朝活サークル入る。仲間と一緒だから、さすがにサボるわけにはいきません。ネットで検索すれば街の掲示板などで結構募集しています。

私もコンサルに転職後、さまざまな習慣化に成功したのはまさにコミュニティのおかげだと思っています。コンサルはよくも悪くも意識の高い人材がそろっています。学び続けてクライアントの求める能力レベルにつねにキャッチアップしないといけません。そんなふうに、**周囲がやっているから自分もやらざるをえない環境というのは、プレッシャーもありますが、ものすごく成長の追い風**になります。

ステップ⑥ どんどん失敗して「自分の攻略本」を作る

ここまでの5つのステップを全部試しても、実はうまく習慣にならないことがあります。私も何度も経験しています。この**失敗したとき、私は実はニヤニヤしてしまい**

ます。

というのも、「じゃあどうするか?」と考えることで、習慣化のレベルをさらに上げることができるからです。

会社のプロジェクトでは振り返りは絶対にやりますよね。一方、自分のことになると意外とやらないものです。

かつて、ダイエット目的でジョギングを始めたものの途中で断念した人がいました。そして、こんなセリフで片づけていました。

「あぁ、今回も自分に負けてしまった……」

彼はそれでスパッと目標を捨て、日常生活に戻っていました。これ、私からすると「なんでやねん」という話です。

「振り返り」といっても難しいことをする必要はありません。**「なぜ失敗したのか?」と少し考えるだけ。**電車に乗りながらでも、お風呂に入りながらでも、コンビニまで行く道すがらでも、ちょっとした空き時間にできる程度でかまいません。

ただし、**失敗の原因は感情ではなく、行動で解明**します。

たとえば、「自分の意志や自制心の弱さが原因だった」で振り返りを終わらせるのはNGです。最初から危機感ドリブンで挑戦したのに失敗したのであれば、**なにか具体的な原因があるはず**です。

ダイエットのためのジョギングが続かなかった原因のひとつが「そもそも運動が大嫌い」という話であれば、運動自体が間違いだった可能性があります。だとすれば「今後は食生活の改善にフォーカスしてみよう」と改善策に思い至れます。

もしくは「ジョギングに割く時間が足りない」という話であれば、短時間でできることに切り替える。たとえば、ＹｏｕＴｕｂｅを観ながら筋トレ、強度の高い運動を数分で終わらせるＨＩＩＴのような運動方法を試してみる、といった選択肢も考えられるはずです。

・どんな行動ならモチベーションが上がって、どんな行動なら下がりやすいか。
・どんな行動なら許容でき、どんな行動なら生理的に受け付けないか。
・どんな行動なら得意で、どんな行動が苦手なのか。

失敗から自分の攻略本をつくる

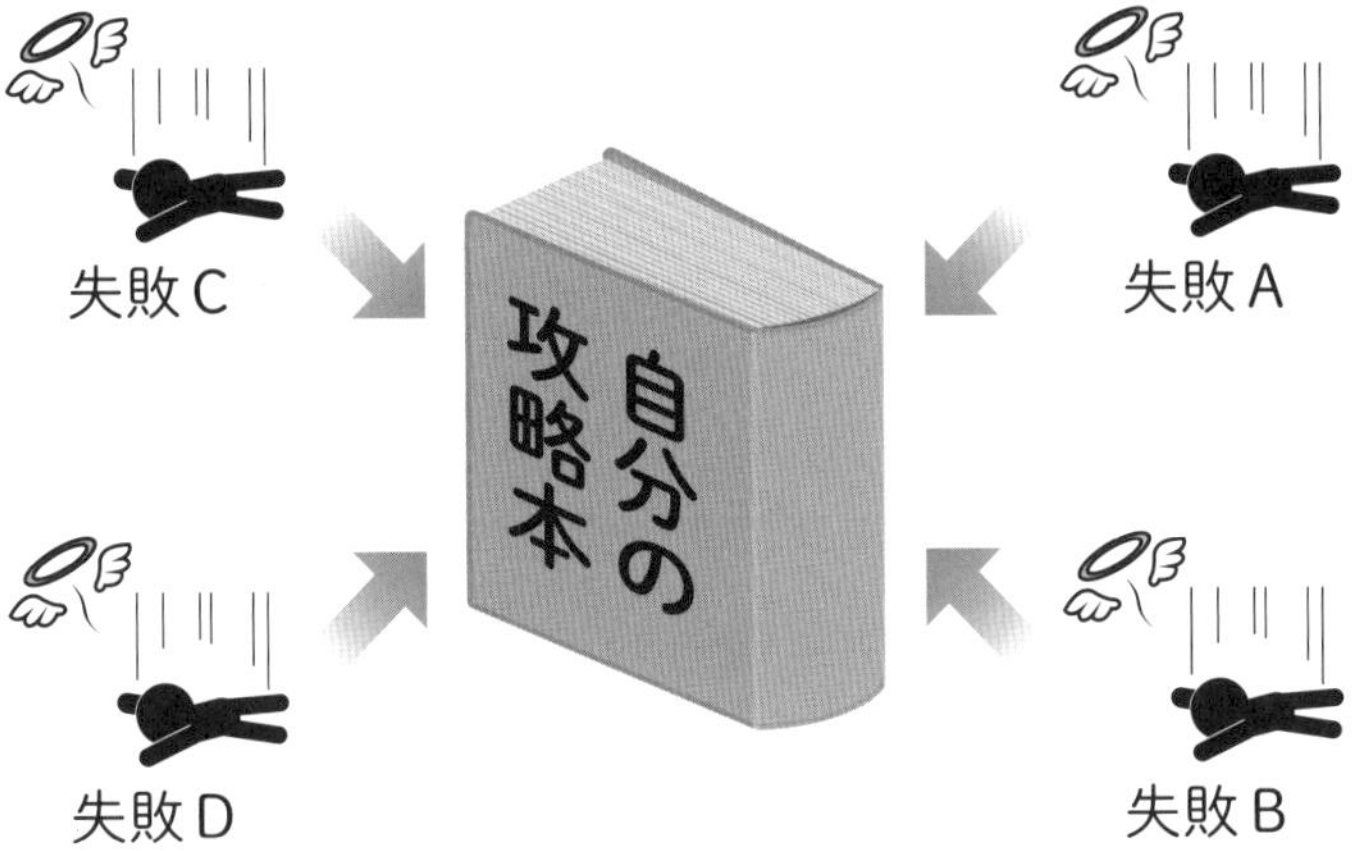

・どんな行動なら現実的で、どんな行動なら非現実的なのか。

こうした**自分の特徴を把握する絶好の機会が「失敗」です。**

こうした失敗の原因は、なんでもいいのでメモするようにしてください。スマホでも自分宛でのメールでもＬＩＮＥでも何でも構いませんが、それを積み上げましょう。すると、自分の攻略本を作り上げることができます。

よほど自分のことをよく知る人でないかぎり、自分の特性や癖にはなかなか意識が向きません。だからこそ、**失敗したらきちんと振り返ることで、自分の習慣**

選びや継続化のコツの攻略本を作るというわけです。

これまで「自制心」という言葉を何回か使いましたが、厳密な定義はしていませんでした。

私のなかで「自制心」とは、「自分の特徴の把握に努め、成功率を上げたり失敗率を下げたりする仕掛けを自分なりに考える能力のこと」です。多くの人は自制心のことを「自分を直接的にコントロールする能力」だと思っているのですが、実は自制心は「自分を間接的にコントロールする能力」なのです。

たとえば怒りをコントロールする技術であるアンガーマネジメントで、「怒りが爆発しそうになったらすぐにその場をいったん離れる」という有名なテクニックがあります。感情的な反応は直接コントロールできないからこそ、理性がまだ働くうちに物理的に退避して脳にクールダウンタイムを与えるという方法です。まさに「自制心」そのものだと思います。

つまり、自制心はコントロール可能ということです。

意志の強化は難しいですが、成功や失敗から理想的な行動を取るための工夫やアイ

デアを考えれば、自分をコントロールできるようになるというわけです。

自分の特徴を世界の誰よりも知っているのは本来自分ですから、自分を操る方法を少しずつ学んでいきましょう。そうすれば、やりたいと思っていたけど今までは続けることができなかったことでも、気づけばできるようになっています。

習慣がうまくいく人は「習慣の定着期間」に期待しない

最後に、習慣化にあたって、二つ注意しておきたいことがあります。

まずは**「期間に期待しすぎない」**ということです。

習慣化に必要な期間は、行動、身体、思考で、それぞれ一般的に次のような期間が必要だと言われているそうです。

行動習慣　1か月

身体習慣　3か月
思考習慣　6か月

これだけの期間続けることができたら、それ以降は不快感、めんどくささを感じずに、続けられるようになるという話です。

終わりのない目標はキツイだけなので、期間を知っておくメリットは大いにあるのですが、これはひとつの説なので、実際には個人差があります。人によって習慣化が早かったり遅かったりすることもあるでしょうし、どれだけ頑張ってもその人に合わないことは習慣化できない可能性があります。

ですから私は、「行動習慣なら、まずは1か月やってみるか！」と**頑張るひとつの目安**としています。

糖質制限に取り組んだ私の知人で、この数字を誤った形で信じた人がいました。

「今月の俺のテーマは糖質制限。これやり抜いたら習慣になっているんだ！」と気合十分で食生活を変えようとしていました。1週間くらいは初動の勢いでなんかなっていましたが、だんだんストレスが増え、そのたびに「あと3週間の辛抱！」「あと1

週間だけ！」「あと3日の勝負だ！」と自分に言い聞かせていたようです。

しかし、結局1か月たっても食事で満足感が得られることはなく、その時点で彼は完全に気力を失い、元通りの食生活に戻りました。むしろ「よく1か月もったなぁ」というのが正直な感想でした。

習慣化に慣れた人は「続かない習慣」を知っている

もうひとつの注意点は**「習慣化しても、続かなくなることがある」**ということです。

「習慣になればストレスはなくなり、苦もなく続けられる。だから習慣化は大変だけど挑戦する価値がある」とよく言われます。

でも、こんな経験はないでしょうか。

・3か月、筋トレを続けたけど、やめてしまった。

・半年間、週3でジョギングをしていたけれど、やめてしまった。
・1年間、毎週、英会話教室に通ったけど、やめてしまった。

3日坊主は乗り越えて「習慣化できた」はずなのに、やめてしまう。「なぜやめたのか」というと、**少なからずストレスを感じていたから**ではないでしょうか。

「効果が感じられなかったら」「仕事が忙しくなったから」などの理由ももちろんあると思います。でも、本当にストレスフリーで必要性を感じ、体や脳が欲していたとしたら、無理やりにでも続けていたはずです。

私も今でこそ筋トレを習慣にできていますが、自分を限界まで追い込まないといけない筋トレは常にストレスや苦痛と隣り合わせです。正直やめたいと思うことは今でもよくあります。

でも、続けられているのは、**その苦痛の先に待つ「やりきった」という充実感を知っていて、苦痛よりもその充実感のほうを体が求めている**からです。

行動中のストレス自体はなくならないものの、「習慣になれば、その行動をする心理的ハードルが下がる」ということは間違いありません。それだけでも、今までとは違うメリットではないでしょうか。

感覚が麻痺してくる、ストレス耐性がついたという面もあると思います。

学生時代、厳しい部活動に耐えた経験がある人は少なくないと思います。一方、「ストレスは感じなかった」という人はほぼいないと思います。それでも続けられたのは、「うまくなりたい気持ちがそれを上回った」「仲間との連帯感があったから」ではないでしょうか。つまり、行動中のストレスを上回るご褒美が習慣を続けるカギになるのです。

習慣化したあとも、辛さを上回る何かがあれば続けられるし、その何かがなくなったらやめてしまう可能性があります。ちなみに、この習慣化の先にあるご褒美を「上位目的」と私は呼んでいます。

第3章

生活習慣

「自分の人生なんだから、自分らしく生きればいい」
本書の基本スタンスです。
この章からは、私がこれまでに試してきた中で、
今の私になるまでに必要、意味があった、
現在も続けているという習慣を紹介していきます。
ただし、あくまで私にとってよかったことなので、
「自分には関係ない」と感じたらどんどん読み飛ばしちゃってください。
でも、みなさんが「おっ」と感じる習慣も絶対あるはず。
自分の課題と照らし合わせてみて、気になった項目を試してみてください。
まずは、毎日繰り返す生活習慣。
ここから、人生の土台をつくっていきます。

【運動】

すべてを変えるために、「ついで運動」から始めよう

○ 楽しい趣味のついでに体を動かす

× ジョギングや筋トレから始める

【対象】

- これまで運動の習慣がなかった人
- 周囲から健康のために運動をすすめられている人

運動は大事。それでもみんなが「運動しない理由」

習慣の本で最初にすすめるのが運動。「うーん、いかにも」という展開かもしれませんが、私は**人生に最も影響を与えるのが運動**だと思っています。

運動は万能薬と言われるように、そのメリットを挙げたらキリがありません。たとえば、こんなことが言われています。

健康寿命が延びる／病気の予防／うつ病の緩和／老化を防ぐ／頭がよくなる／睡眠の質が上がる／仕事のパフォーマンスが上がる／痩せる／肩こりや腰痛が楽になる

運動が体にいいということは、おそらく多くの人がうすうす気づいていることだと思います。

厚生労働省の調査（「令和元年国民健康・栄養調査報告」）によると、日本人で運動習慣のある人は男性でおよそ3人に1人、女性で4人に1人だそうです。ちなみに**年齢が上がるほど運動習慣のある人の割合が増える**そうです。

つまり、病気や体の衰えなど「マズイ！」と感じる状況に対して運動をすることで変化を起こせると思っている人がいるのです。

それでも、多くの人が運動をしない理由なにか。

かつての私もそうでしたが、「時間的、精神的、あるいは体力的な余裕がない」というものが一番ではないでしょうか。

筋トレやマラソンのように自分を極限まで追い込む運動の場合は単純に「辛いから」がやらない理由になると思います。

一方、軽いジョギングなどあまり辛くない運動すらやらないのは、結局のところ実感できるメリットが少なく、余裕のないところにわざわざねじ込む習慣ではないと判断しているのでしょう。

運動を目的としない「ついで運動」なら続く

たしかに「健康にいい」「頭が冴える」「痩せられる」と言われても、変化はジワジワ起きるので目に見える効果を実感しづらいと思います。

ちなみに、私は有酸素運動と筋トレを定期的にやっていますが、続けられているのは、**運動の爽快感や、終わったあとのやり切った感が心地いい**からです。ただ、それを気持ちいいと感じられるかどうかも個人差があるはずで、運動習慣がない人に広く強く訴求できるメリットとは言い切れません。

以上をふまえて、運動の習慣化に何度も失敗していて、でも運動しないとマズイと感じている人におすすめしたいのは、**運動を目的としない「ついで運動」**です。

たとえば、私はもともとサウナが好きだったのですが、たまたま近所にサウナ施設ができて毎朝、歩いて通うようになりました。この散歩がついで運動です。

「ついで運動」で運動を習慣に育てる

やってることは同じでも目的は人それぞれ

近所と言いつつ、一駅分くらい歩く距離があるので、いい運動になります。最近では朝、仕事の前に行くのが日課になっていて、朝の散歩の習慣がつきました。

　これは意外と盲点で、「運動しなきゃ」と思ったほとんどの人はジム通いや自宅での筋トレ、ジョギングや水泳などに挑戦します。でも、そうした**本格的な運動が「つまらない」と感じる人は結構多い**と思います。

　そこで、「運動のための運動」は最初からあきらめて、「結果的に運動することになる楽しい趣味」を見つけようというわけです。

私の知り合いでも、同じようにして運動の習慣化に成功した人がいます。

社会人になってからまったく運動をしてこなかったのですが、フロータ一と呼ばれる釣り専用の浮き輪に乗り、足にフィンをつけて池や湖で釣りをするスタイルにはまったことをきっかけに、ジョギングを始めました。

「そこまでして釣りたいんですか？」と冗談っぽく聞いてみると、「もちろんそれもあるんだけど、一度、湖上で足をつって超怖かったから」という予想外の返答でした。

「やりたい！」と「ヤバい！」の2つのモチベーションが合わさると最強です。

写真撮影のついでにハイキング、ソロキャンプがてら遠距離を歩くのも楽しそうです。するとその趣味をもっと楽しみたいという欲求が湧いてきて、日常生活でも「ちょっと走ってこようかな」とか「できるだけ階段を使おうかな」といった意識が湧いてくるようになります。

ワンポイント

「運動のための運動」にはやる気が出なくても、「趣味のための運動」なら驚くほど簡単に運動ができる。

【睡眠】

頭、心、体を自然に整える「早起き」を始める

○ 早起きにすべての照準を合わせる

× 睡眠グッズを変えたり、早く寝ようとする

【対象】

- 寝起きに頭がしゃっきりしない人
- 昼食後に眠くなったり、作業効率が落ちる人

睡眠時間が改善するだけで、実は周囲からの評価は一変する

みなさんは睡眠にこだわりますか？

私はかなりこだわるほうです。スムーズに入眠できるような工夫、深い睡眠が取れるような工夫、寝起きからすぐに活動できるような工夫をいろいろ取り入れています。

そのリズムも壊したくないので、付き合いで深夜までお酒を飲むようなこともできるだけ避けるようにしています。


ただ、睡眠は「とりあえず寝られるならいい」くらいで、特段こだわらない人は多いと思います。そういう普段、睡眠にあまり気を使ってこなかった人が何かしらの改善策を取り入れたとしたら、はっきりとした変化（メリット）を実感できると思います。

それだけ睡眠を変えることのインパクトは大きいです。

そもそも、なぜ睡眠が重要なのかというと、ひとえに**睡眠は脳と体の疲労をリセッ**

トしてくれるからです。

たとえば、朝眠そうな目をしている人と、朝からシャキッとした目をしている人がいたとき、どちらのほうが一生懸命仕事をしてくれそうでしょうか。前者ですよね。そして、期待通りに高い成果を上げてくれるでしょうから、評価も上がります。単純ですが、これは睡眠の力です。

朝、仕事を始める前の段階で心身ともにエネルギーに満ちた状態であれば、良質な睡眠がとれているということ。逆に、寝たはずなのに脳がシャキっとしていなかったり、体がだるかったり、昼間に猛烈な睡魔に襲われているとしたら、睡眠習慣に改善の余地があると思います。

では具体的にどんな対策が考えられるか。

すぐできることは良質な寝具を買うこと。疲労回復効果の高いパジャマや自分に合った枕、マットレスなどに変えるだけで、睡眠の質は上がります。

ほかに、習慣としてできることもあります。

良質な寝具、寝る前の習慣よりも早起きが睡眠改善の最短ルート

最もインパクトがある方法としては、早起きです。とくに、仕事でもっと成果を出したい、自分の時間がない、生活が乱れがちという人におすすめです。

ほとんどの人は夜に比重を置いて一日を考えています。飲み会、お酒、映画、テレビ、読書……夜には夜にしか楽しめない誘惑がたくさんあり、大人になったからこそ自由にできる時間です。つい夜更かししてしまい、睡眠の質もよくないという気持ちは私もよく分かります。

この**遅寝の状態を早起きに変えようというのが、ここでの提案**です。

私の場合は、毎朝6時30分に起きます。もっと早く起きていた時期もありましたが、サラリーマンとＹｏｕＴｕｂｅｒを両立させるにはこの時間がベストという感じです。就寝時間は23時くらいです。

早起きが睡眠改善の最短ルート

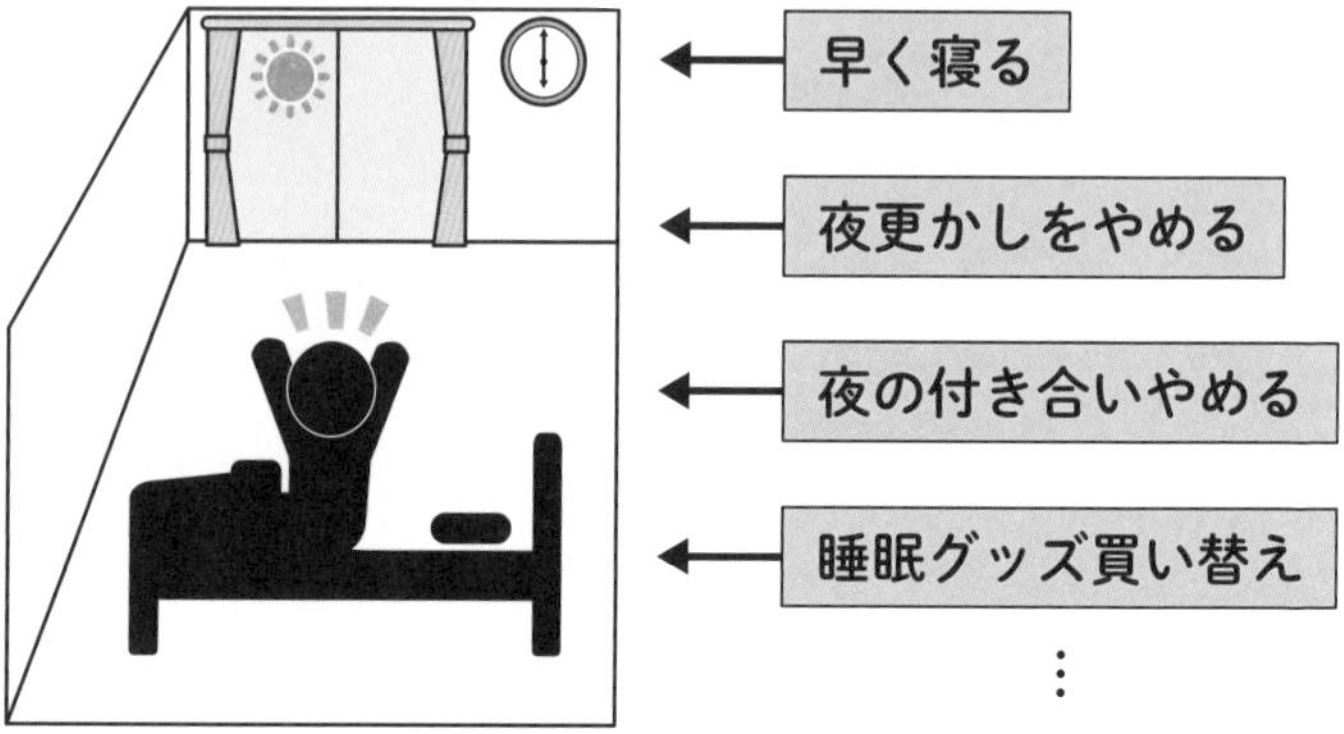

早く寝る
夜更かしをやめる
夜の付き合いやめる
睡眠グッズ買い替え
⋮

すべてが「早起き」のために改善される！

仕事終わりよりも、出社前の朝のほうがなにかと効率はいいです。

運動や読書や片付けのような習慣、あるいは自分の趣味の時間などを夜に持ってくると、どうしても急な予定が入ったり、仕事の疲れでその気がおきなかったりとムラが激しくなります。

一方、**朝は急に予定が入ることもなければ、スマホの通知も少なく、集中してひとつのことに取り組めます。**

脳もフレッシュな状態ですから、考え事をするのにも最適。私も仕事での難しい意思決定や、ＹｏｕＴｕｂｅの企画を練ったりするのは、できるだけ朝にしています。

ただし、継続が難しいのが早起きです。毎朝決まった時間に無理矢理起きようとしても、睡眠時間が短いまま、あるいは睡眠の質が悪ければ、むしろパフォーマンスが下がり、メリットよりも不快感のほうが強くなる恐れがあります。

そのため、**早起きを習慣にするにはどうしても生活パターンや睡眠の仕方を変えないといけません。つまり睡眠習慣の改善をせざるを得ない状態に自分を追い込めるわけです。これが早起きをすすめる理由です。**

たとえば、飲み会で3次会まで付き合うのが当たり前だった人が1次会で帰らないといけなくなるかもしれません。「最近、付き合いが悪いな」と言われるでしょうが、最初だけです。かつて私もダラダラ飲みは好きでしたが、いまは他にやるべきことがたくさんあるので、あったとしても年に1回あるかないかくらいになりました。

ワンポイント

早起きにこだわれば、睡眠グッズ改善、早寝にたどり着く。

【食事】

食事改善よりも簡単！「つけ足し」で不足した栄養を取る

○ 足りない栄養分だけは補う

× 食生活を全面的に改めようとする

【対象】

- 乱れた食生活を改善したい人
- 食事改善に失敗した経験がある人

食べちゃいけない……。でも食べたいのは、なんで？

私は、身体の状態を整える生活習慣は運動と睡眠と食事の3つだと考えています。「理想の体型に近づきたい」「アンチエイジングしたい」「体の不調をどうにかしたい」と思ったら、考えるべきはこの3つです。体が疲れたと感じるときや、風邪が流行りだしたときなどは、改めて**自分の運動、睡眠、食事を見直す**ようにしています。

ただ、運動や睡眠と同じで、「とりあえずお腹が膨れて、エネルギーになればいい」と食事に無頓着な人も多いと思います。

「人間は食べたものでできています」「栄養バランスに気をつけましょう」「腹八分目に抑えましょう」「暴飲暴食は避けましょう」とよく言われますが、「自分の人生、好きなものを食べて何が悪い」という最強の正論の前には歯が立ちません。

「報酬系食欲」という言葉があるくらい食事は快楽の感情ともつながっているので、

ちょっとやそっとのことでは変わらないものでもあります。

結果的に**ほとんどの人が食事習慣を見直すのは、悪習慣のツケが病気や体型変化など目に見える形で現れたときだけ**になっている印象です。

私も「毎日の食事を全面的に見直しましょう」という主張はしません。毎食の主食、主菜、副菜に気をつかのは正直面倒ですし、お金もかかりますし、メリットも実感しづらいので長続きはしないはずです。糖質制限、カロリー制限も同じようなことになるでしょう。

難しいことを考えるのはやめて、足りないものを足し算する

ただ、いままで通りの食習慣を続けるにしても、明らかに栄養バランス上、不足している栄養だけは別途サプリメントなどで補うようにしています。

見直すわけではなく**「つけ足す」だけ**。これなら習慣化は比較的しやすいですし、

健康面で考えても、何もやらないよりは断然いいはずです。

たとえば、私は毎日プロテインを豆乳で溶かして飲んでいます。筋肉の肥大が目的ではなく、日々の活動量と食生活では明らかにタンパク質が不足するからです。

「足りない栄養はできるだけ食事で補いましょう」というのが農林水産省の指針ではありますが、もし足りないタンパク質を食事で補うとなると肉や卵を大量に食べないといけないことになり、今度は脂質がオーバーしてしまいます。

プロテインは筋トレをする人専用という風潮が世間ではありますが、まったくの誤解です。運動習慣のない女性でも、仕事、家事、育児でそれなりの活動量があるのに小食な人は、タンパク質不足に陥っている可能性はあります。

ビタミンや鉄分などの栄養はサプリで補っている人でも、タンパク質は見落としがちです。タンパク質と比べるとビタミンや鉄分の不足は自覚しやすい症状がでやすいからかもしれません。

でも、タンパク質は人の体をつくるうえで欠かせない栄養源で、筋肉や臓器、髪、皮膚、爪などをつくる原材料です。人の体の6割は水分でできていて、残りの4割の約半分はタンパク質でできています。髪の毛にいたっては8割以上がタンパク質です。

なおかつタンパク質はホルモンバランスを整えたり、抗体機能を調整することにも使われるとされます。

人は体内の古いタンパク質をどんどん捨て、日々摂取する新しいタンパク質を使っていくのですが、需要に対して供給が不足すると当然不具合が生じるわけです。精神的に落ち着かない、あるいは風邪をひきやすいのは、もしかしたらタンパク質不足が原因かもしれません。

ワンポイント

食事全般の改善は難しいけど、足りない分の追加なら、今すぐできる。

【学び】

絶対に記憶に定着する「いま必要なこと」だけを学ぶ

○ アウトプット前提の勉強

× 勉強が目的の勉強

【対象】

- 学びをすぐ仕事に活かしたい人
- うっかり知識コレクターになっている人

ファスト教養、目的のない勉強ではたどり着けない境地

　ここ数年、「教養」をテーマにした本が流行しています。とくに「ファスト教養」系の本を書店などではよく見かけます。ＹｏｕＴｕｂｅでも、「教養系」動画は根強い人気があります。

　大人として教養を身に付けることはもちろん大切なことです。ただ、こうしたファスト教養系の本を何冊か読んでも本当に教養が身に付くのかという疑問は正直ぬぐえません。表層をかすめるだけなのでそもそも記憶に残らないと思うからです。

　それでもなお「ファスト教養」がもてはやされるのは、「自分はいま教養を身に付けている」という自己満足感や安心感を得ることが多くの人の目的になっているからだと思います。

　言い変えると、**「勉強を目的とした勉強」が流行している**わけです。普通、勉強はなにかを実現するために行うわけですが、「自分は勉強しています」と言いたいがために

勉強をしている、というわけです。

私はよく次のような相談メッセージやコメントをいただきます。

「20代の間にどんな勉強をしたらいいでしょうか?」

「会社の将来が不安です。新しいことを学ぶならどんなことがいいですか?」

「自己投資としていろんな勉強をしてきましたが、なかなか成果につながりません」

これらも結局、勉強が目的化した結果の質問です。

こうした悩みに対する私なりの回答は、実はこの本の第1章で伝えたことと一緒です。

「何を習慣化すればいいかわからない」という人が習慣化に挑戦しても無意味なことと同じで、「何を勉強したらいいか分からない」と感じているなら勉強をするスタート段階にはなっていないと思います。

社会に出て「これは成長しなきゃヤバい!」と本気で感じている人なら、**自分がい**

ま勉強すべきことは自分が一番よくわかっているはずです。

コンサル時代に身につけた無敵の勉強法

私はコンサルに入ってから、勉強のやり方を根本から変えました。

コンサル時代に猛勉強したとき、業務で使う知識や実践で使えそうな思考のフレームワークなどを、本やインターネットを通じて血眼になって探しました。いわば**アウトプット前提の勉強**です。

ときにはひとつのテーマにつき何冊も類書を買い集めていましたが、すべて読む時間はもちろんありません。必要な情報が書いてあるところだけを瞬時に探し当て、付箋を貼って繰り返し読み、関係ないと感じた箇所はどんどん飛ばすという読み方をしました。

このときの経験から思うのは、目的がないまま何かをするときと、危機感に突き動かされて何かをするときでは、**集中力も吸収力もその後の応用力も別次元になるということです。そのことを経験として理解して以来、私は「なんとなく勉強する」という習慣はやめました。**「本当に必要に迫られたときに集中してやればいい。そのほうが断然効率がいい」という考え方になったからです。

これは勉強だけに限った話ではありません。

たとえば、将来が不安だからといろんな資格を取る人がいます。趣味ならいいですが、その労力と時間が割けるなら、本業で突き抜ける成果を出すくらい頑張るか、方向転換する先をさっさと決めて、新しい道を全力で走りだせばいいのにと感じます。

かけた労力に比べて成果が少ないと感じている人は、ぜひアウトプットを前提にインプットするという順番で取り組んでみてはどうでしょうか。

ワンポイント

目的のない勉強は趣味。
アウトプット前提の勉強は糧になる。

【デジタルデトックス】

時間がないと思ったら、「スマホなし時間」で生活を整える

○ 意識的にスマホを使わない時間をつくる

× 「ないと不便」だから24時間スマホを手放さない

【対象】

- 気づくとスマホばかりさわっている人
- デジタルツールに時間が囚われている人

スマホに依存しすぎるともったいないし、危険という話

スマホやタブレット、パソコンといったデジタル機器は、生活を便利にするツールや情報源を与えてくれるようになりました。その一方で、ゲームやSNSには、ユーザーの注意や興味関心を引くために人の心理を巧みに利用したさまざまな作為的なコンテンツ、言うなれば**「時間泥棒」が存在します。**

節度を保って接している限りは何も問題はありません。しかし、依存症状や精神疾患に近い状態になると、なにかと実生活に悪影響をもたらします。

たとえば、

・課金ゲームにはまって車一台買えるくらいのお金を払ってしまった
・オンラインゲームをやりすぎて家事に支障が出始めた
・勉強や読書の時間がすべてゲームの時間に置き換わってしまった

・親も子どももスマホやタブレットと向き合うだけで親子の会話が激減してしまった
・SNSで情報発信を始めてから承認欲求が異常なほど高まってしまった

ほかにもいろいろあるでしょう。

中国や韓国、台湾などではネットカフェでオンラインゲームを数日間やり続けて死亡する「ゲーム死」という事故がよく報告されます。ここまでいくと完全に病気ですから自らの意志で習慣を変えることはほぼ無理ですが、病気一歩手前の人はかなり多いのではないでしょうか。

フルタイムで働いている人は**睡眠と仕事の時間を引いたら一日に自由に使える時間は8時間くらい**です。その8時間の間に運動や読書、人との交流、スキルアップなど有意義に過ごせたはずが、スマホの画面を眺めていただけというのはちょっと寂しいですね。それに私は、その時間に、自分の成長につながることをどれだけできるかで10年後、20年後の自分が大きく変わると考えます。

でも、人はつい目先の快楽に負けてしまいます。「このままじゃマズイ」と自覚しながらも、ドーパミンの気持ちよさに勝てない。

いまさらスマホがない生活に後戻りすることは現実的ではないですし、その必要もないと思います。スマホもネットも道具にすぎず、それ自体は悪ではありません。

では、私たちはどうスマホと向き合っていくのがいいのでしょうか？

「プチ」デジタルデトックスでツールとの距離を見直す

実は私は数年前に、強制的にスマホのない生活を2日間送ったことがあります。意識的に始めたわけではなく、タクシーにうっかりスマホを置き忘れてしまったのです。すぐに取りに行きたかったのですが、ちょうど外せない予定があり、先送りにしました。翌日もすぐに取りに行けばよかったのですが、仕事があったり家庭のことがあったりと、なんとなく足がそちらに向かわず、そこから何日か過ぎてしまったというわけです。その環境になって気づいたのですが、案外スマホを使わなくてもなんとかなるなということです。また、スマホがないことによって、仕事に集中することができ、家族との時間も濃く過ごすことができました。それ以来、必要のないときにはスマホから距離を置くようになり、以前に比べて有意義な時間の使い方ができるようになりました。

なかなか同じ経験をするのは難しいと思いますが、ビジネスパーソン向けに合宿形式でデジタル機器から遮断された生活を数日間送るデジタルデトックスという取り組みがあります。**時間がゆったり流れる自然豊かな環境に身を置き、自分自身との対話の機会をつくるというものです。**

そうした体験をすることで自分の生活を顧みてデジタル機器との距離感を変える人もでてくるかと思いますが、私の感覚では大半の人は結局、元の生活に戻るだけではないかと思っています。

そこで私がおすすめしたいのが**「プチ」デジタルデトックス**。

スマホやゲームから距離を置く時間を少量でもいいので決めて、日々、実践することです。

たとえば、

・電車では、スマホではなく本を読む
・子どもと遊ぶときはスマホを非通知にして別室に置く
・就寝時間の1時間前からスマホは触らない
・スマホを寝室に持ち込まない
・スマホをお風呂に持ち込まない

自分にできそうなことから取り入れてみてはどうでしょう。
ほかにも、「(条件付きで)やってもいい」という形にすると、多少ストレスが減ると感じます。「2時間しかやっちゃだめ！」と「2時間ならやっていいよ！」では言っていることは一緒なのに受け取り方が違ってきますよね。

ワンポイント

短時間でもスマホを切り離せる人は、切り離せない人よりも時間を有意義に使える。

【身だしなみ】

「不潔」は絶対ダメ！「ちょいケア」で大人の品格を持つ

○ 第一印象だけでも変えてみる

× 人間は中身で勝負！

【対象】

- 仕事で成果を上げても、いまいち評価されない人
- 異性との間にコミュニティで周囲との間に壁を感じる

身だしなみに無頓着な人が見落としていること

よく言われることですが、心理学にはこういう法則があります。

・人の第一印象は強烈に記憶に残り、その後の評価に影響を及ぼす（初頭効果）
・その第一印象の55%は見た目で決まる（メラビアンの法則）

万人に好印象を持たれる必要もないですが、第一印象で距離を置かれてしまい自分が不当に評価されていると感じているのであれば、せめて相手に不快感を与えないくらいの配慮をしてみるといいかもしれません。

断っておきますが、私はルッキズム（外見至上主義）を奨励したいわけではありません。むしろ他人の評価に振り回されすぎる人生はいつまでも心の平穏が訪れませんし、辛さやプレッシャーを生み続けるだけだと思っています。

ただし、**自分の身だしなみに関してあまりに無頓着すぎるのもどうか**と思うので、私は最低限のケアはするようにしています。

長い時間をかけて深い付き合いができれば、その人の良さや価値は十分伝わるものなのですが、**初対面の印象が悪すぎて必要以上に損をしている人**がよくいます。相当なハンデを背負っているという印象を受けますし、そこさえ改善できればキャリア面や人間関係などでいろんな悩みが一気に解決しそうな人もいます。

たとえば、以前の職場で一緒に仕事をさせてもらったある企業のプロジェクトリーダーの男性は、驚くほど第一印象が悪い人でした。非常に不潔な印象で、表情も暗く、猫背で声も小さい。

「この人がリーダーで大丈夫なの？」と思ってしまったくらいです。一緒に仕事をしていた先輩も「あの人のことはあまり気にしないでいいよ」と明らかに軽い扱いをしていました。

でもある日、その企業を訪問するとその男性の風貌が激変しており、「新しいメンバーの方かな」と思って名刺入れに手を伸ばそうとしたほどでした。いかにも「できるビジネスパーソン」といった感じなのです。

聞くと、**セルフブランディングの専門家にお願いして、髪型や服装、話し方、姿勢、仕草などの指導を受けた**というのです。

ちなみにその方はその後、起業に成功され、メディアにもよく出演されるようになり、日本版のTEDでも講演される立場になられていました。中身の変化も当然あったかと思いますが、ガワが変わるだけでこうも評価が変わるのかと痛感しました。

周囲の評価をガラリと変える「ちょいケア」のおすすめ

いまさら話し方や仕草を意識的に変えようと思っても自分ひとりの力ではさすがに難しいかもしれません。そうかといって営業職や経営者でもないのにパーソナルトレーナーをつけるのは費用対効果が悪そうだという意見もよくわかります。

でも、普段の心がけ次第で改善しやすい次のような要素を「ちょいケア」で少しずつ変えていってみてはどうでしょうか？

髪…ボサボサの髪、伸ばしっぱなしの髪、ベタベタの髪など

↓必ず月1回、散髪する
↓試しに美容室に行ってみる
↓油脂がしっかり落ちるシャンプーに変える

臭い…体臭、口臭、汗の臭いなど

↓出社前にシャワーを浴びる
↓強くない香水をつける
↓昼食後に歯を磨く
↓オーラルケア商品を常備する
↓会社に着替えを置いておく

体毛…ひげ、鼻毛、耳毛など

↓拡大鏡を買う

↓家族にチェックをお願いする
↓永久脱毛する

服装…ヨレヨレの服、シワだらけの服、シミのある服、色褪せした服、テカリの出たスーツ、毛玉だらけのセーターなど

↓古くなった服は定期的に処分する
↓シーズン毎にファストファッションをまとめ買いする
↓宅配クリーニングを使う
↓服のサブスク（レンタル）を使ってみる

ワンポイント

あまりお金をかけない「ちょっとしたケア」でも、やっておけば周囲の評価はガラリと変わる。

【支出】

「平凡なサービス」にお金を渋り、「上質なサービス」にお金を払う

○ 上質な体験を買い、その価値を知る人になる

× 形に残ることを最優先にする

【対象】

- 人間的に成長したい人
- 商品やサービスを提供する立場の人

節約や倹約は人を小さくする。いい体験を買おう

「浪費癖のある人は節約をしましょう」

「若いときの自己投資は利回りが最高」

とお金の使い方の大切さはよく語られますが、**日々のお金の使い方も少し意識を変えるだけで長期的にはとてつもなく大きな差が生まれます。**

倹約や節約をすすめる気はありません。豪快なお金の使い方をする人生もまた一興だと思いますし、過度の倹約や節約は自分を小さくすると思います。

私がおすすめしたいのは、私自信も最近、日々のお金の使い方として大切にしている**「体験を買う」ということ**です。

「コト消費」というマーケティング用語が一般にも浸透しましたが、言いたいことはまさに「コト消費」です。

「モノ消費」ばかりの人、あるいはコスパが悪いものにはお金は使わないといった極端な倹約主義の人たちにおすすめです。おそらく、こうした人は「体験という目に見えず、記憶にしか残らず、定性的な価値がわからないものにお金を使うことはもったいない」という発想を持っているからです。

たとえば10万円の臨時収入があったとします。仮にこのお金を使いきるとしたときに、「本革のソファに買い替えよう」「テレビを65インチにしよう」「グッチの財布を買おう」と**身の回りのものをひたすらアップグレードすることにこだわる人**がいます。自分の成長をモノで誇示する、あるいは自己確認しようとするわけです。

たった1泊の宿泊が人生を変えることがある

もちろん、ブランド品を買うことで一時期的に幸福感は得られるでしょうし、腕時計のように投資商品として買うという考え方もあります。でも、モノをいくら買いそろえたところで肝心の「成長」にはつながるかというと難しいと思います。

ライフネット生命創業者でAPU学長の出口治明氏は、人が賢くなるには「人、本、旅」しかないとよくおっしゃいます。**自分の知らない世界にどんどん飛び込み、いろいろな刺激を受け、経験を積むことで人として成長していく**、ということです。

こう私が気づくことができたのは、かつて10万円の臨時収入があったときに、お試しで都内の高級ホテルに一泊した体験が大きいです。

モノとしては何も残りません。でも、そこでしか受けられない超一流のホスピタリティや、日常生活では出会うことのない人たちとの会話など、一つひとつの体験が私の視野を広げてくれたのです。

私は30代ですが、同世代を見ているとコト消費派とモノ消費派では会話をしているときの深みやひき出しの多さなどが明らかに違います。

たとえば、イベント企画を立てるとき、モノ消費派は最新の機器や設備にこだわって企画を立てようとしますが、コト消費派はイベント参加者がどのような体験をするのが一番満足度が高いかを基準に考えます。当然、出てくるアウトプットはコト消費

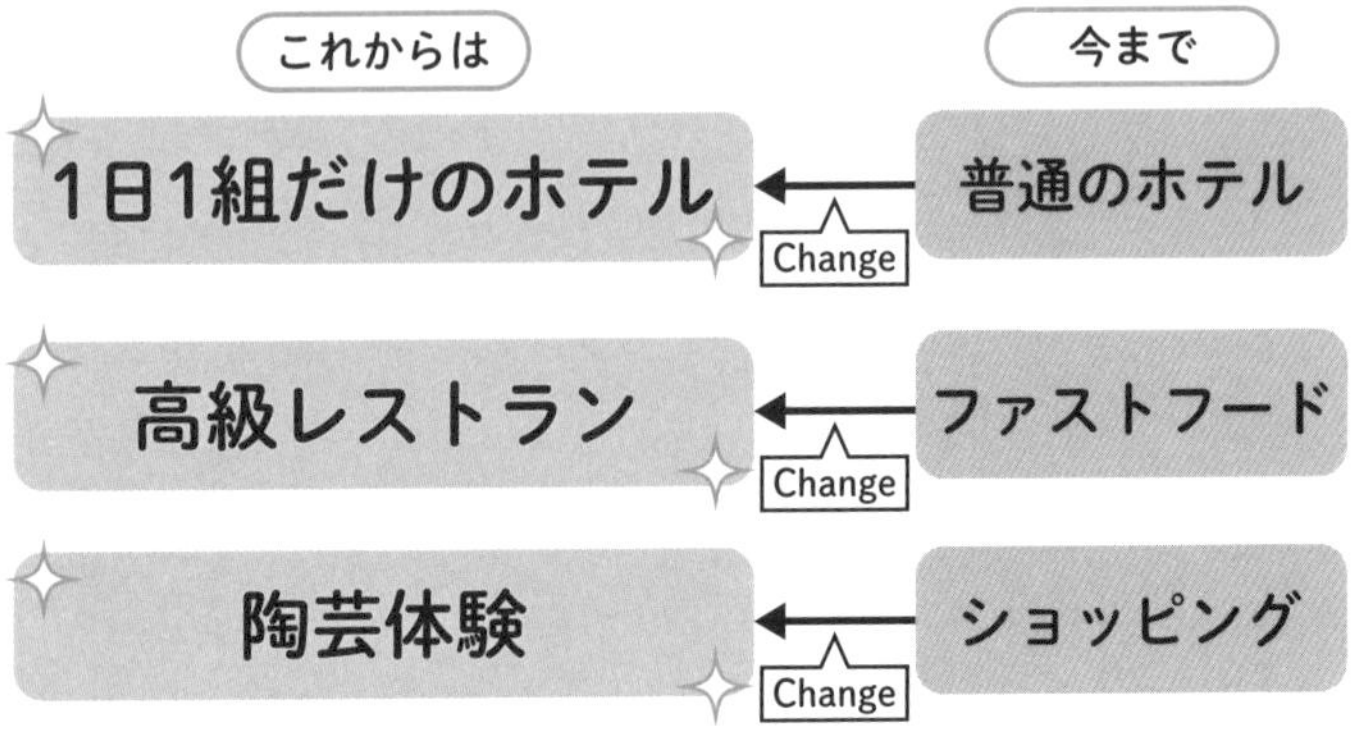

割高でも評価される秘密を知ろう！

派のほうが圧倒的にレベルが高いです。

なぜこの差が生まれるのか。

モノ消費は極端な話をすると、お金さえあれば誰でもできます。一方、コト消費はお金だけでなく時間的、場所的な制約をクリアして、初めて体験できるものです。**そこまでのコストをかけて1回しか味わえない体験にお金を払う理由はなんなのか。それを理解している人としていない人、語れる人と語れない人とでは、人生や仕事での考え方にも大きな違いが出てくる**ものなのです。

手始めに週末に「体験を買う」という消費行動をひとつ入れてみてはどうで

しょうか？　海外へ弾丸旅行、パラグライダーやスキューバダイビングなど、**「自分が知らない世界を垣間見ることができるか？」という基準で選ぶ**と、メリットを感じやすいはずです。

さらに1か月でもいいので毎週連続でやってみると、「自分のお金と時間の使い方でこうも刺激が違ってくるのか！」と理解できるはずです。

たとえば1週目は美術館や写真展めぐり、2週目はソロキャンプ、3週目はバーめぐり、4週目はフランス料理など。もちろんお金をたくさんかける必要もなく、ボランティア活動に参加してみるのもいい選択肢かもしれません。

ワンポイント

今まで体験したことのないサービスにお金を払うと、人生の幅が広がる。

第4章

仕事習慣

「仕事こそが人生だ!」という人もいれば、
「仕事は仕事」と割り切る人もいます。

仕事観は人それぞれ。でも、1日の3分の1は仕事と考えると、
人生に与える影響は小さくありません。
できるだけ賢く働き、人生を豊かにするために利用したいものです。
生産性、市場価値、リスキリングなど、
人材市場を取り巻くキーワードはどんどん新しくなっていますが、
本質はいつも変わりません。
「市場で価値のある仕事ができているかどうか」です。
その対価としてそれなりの報酬や権限が得られるようになれば、
その後の人生の歩み方にも大きな違いが生まれてきます。
本章では、外資系金融でマネジャーを務めるために
私が意識的にしてきた仕事の習慣を紹介します。

【キャリア戦略】

「長所伸ばし」で、死ぬまで使える武器を作る

○ 長所が活かせる場を探す

× 弱点を補うために努力する

【対象】

- 苦手な仕事で苦労している人
- 一生困らないための武器がほしい人

自分の適正を勘違いしている人はもったいないし、かわいそう

同世代のビジネスパーソンにコーチングをしていると、たまにこんな感想を抱くことがあります。

「あれ？　この人、別の仕事をしたほうが活躍できるんじゃない？」

本人はいまの仕事で成果を出したいと思っているので、転職の相談でもないかぎり、直接こういったことは伝えません。でも明らかに営業向きではない人が営業スキルを磨こうと頑張っていたり、どうみてもリーダータイプではない人が対人スキルで悩んでいたりすると、**「もうちょっと自分を俯瞰してもいいのでは？」**と感じることがあります。

会社で働いていれば、自分の弱点を克服しないといけないシチュエーションはよくあります。とくに「総合職」として入社した人は、ある意味「なんでも屋」としてのス

キルを求められているわけですから、会社の育成方針や事業環境に従って合わない仕事も黙々とこなさないといけないときがあります。

こうした「人事部に自分のキャリアを委ねる働き方」は終身雇用と年功序列がセットの日本企業ならではの仕組みで、徐々に廃れています。日本の大手企業の一部でも、すでに変革が始まっていますよね。

日本でも導入が進んでいるジョブ型雇用に象徴されるように、**市場が求めるのはスペシャリスト人材**です。「私はこんな強みを持っています。私が活躍できるポジションはありますか？　ないなら他をあたります」くらいの芯が通ったキャリア設計が理想形です。

ちなみに、いま外資系金融機関で働いている私のビジネスパーソンとしての武器は、「デジタル」と「マーケティング」と「コーチング（壁打ちスキル）」だと自己分析しています。各分野の専門家はいくらでもいますが、この**組み合わせになると希少価値が出てきます**。現職に転職するときも「自分のスキルが一番評価される会社はどこだろう？

ライバルがいないところがベストだ」という基準で企業探しをしました。

「外資」かつ「金融」なら、「高い英語力」と「金融の専門知識」が求められると考えられがちです。でも実際、私の英語はうまくないですし、金融のプロでもありません。それでも私のスキルセットは会社にとって価値があるので、兼業でＹｏｕＴｕｂｅの活動やコーチングをしているにも関わらず、社内ではそれなりの評価を受けています。

いまのやり方にこだわりすぎず柔軟な発想でとらえなおす

このように、私はこれまで数社の転職を経験する中で、「いまの会社でどう活躍するか？」という発想ではなく、**「どんな会社なら活躍できるか？」「どんな市場なら自分を一番高く買ってくれるか？」という発想で考える**ようになりました。

たとえば寿司職人として活躍の場が与えられないなら、私なら迷わず海外に行きます。日本で年収300万円だった職人がアメリカに渡って年収8000万円になったという話が以前、話題になっていました。

転職しなくても、ある程度裁量権のある仕事であれば、**「自分の強みを最大限発揮する、別の形で価値貢献できないか?」**と考えてみてもいいでしょう。

私の知り合いでイベント舞台を制作する会社の営業職に転職した男性がいます。黙々と作業することが好きなタイプで、口下手。想像通り、新規開拓はなかなかうまくいかず、当初は離職を考えるほど悩んだそうです。

でも彼が面白いのは「ノルマを達成する手段は新規開拓以外にもある」と発想を切り替え、短期間で製図やCG、グラフィック制作を覚え、外注のデザイナーに発注するようなことをある程度自分でできるようにしたのです。もともと職人気質だったからか、パソコンに向かって集中して作業することはまったく苦ではなかったそうです。

デザイナーのスキルを身に付けた彼は、たとえば朝一にヒアリングに行ったら午後一にはラフな図面を仕上げて「こんなイメージで合ってますか?」と顧客に送ったり、施工当日に顧客から追加発注があってもデザイナーを介さず現場で即座に対応できてしまうような、競合他社にはできないサービスを提供できるようになったとのこと。「こんな頼もしい営業はいない」ということで彼はリピート客を増やすだけではなく、口コミで仕事が入るようになり、ノルマを達成できるようになったそうです。

弱点に引っ張られずに、長所を最大限活かしたことで、成果を達成したわけです。

自分の課題を克服する努力は素晴らしいことですし、とくに社会人になりたてのころは自分の適性もまだわからないのでいろいろ挑戦してみることは大切です。その結果、コツをつかんで自分の武器が増えることもあるでしょう。

ただ、それなりに集中的に取り組んだもののうまくいかないときは、その労力は「得意」を伸ばすことに使ったほうがおそらく賢明です。

ワンポイント

「いまの会社でどうするか」より「どの会社、職種なら活躍できるか」を考える。

【上司対策】

上司を「成長の道具」にして、自分の成長スピードを上げる

○ イヤな上司を成長の道具として使う

× イヤな上司のグチを言う

【対象】

- 上司との関係に悩んでいる人
- 社内でもっと評価されたいと思っている人

ほとんどの仕事の悩みは上司が原因

仕事の悩みのほとんどは上司が原因です。日々の行動を管理するのも上司、仕事を振ってくるのも上司、その成果を評価するのも上司。「今度の部署、上司ガチャに外れて最悪だよ。転職しようかな」といった話はよく聞きます。

嫌な上司にあたったら、多少の失望感はあるかもしれません。でも、確率論で考えれば理想の上司を期待すること自体に無理があります。社員が気持ちよく仕事をするために会社は存在しているわけではないからです。

私はむしろ**上司がダメ上司であるほど「ラッキー!」**と思って働いてきました。

上司の能力が穴だらけなら、そこを積極的にカバーするだけで価値貢献できるからです。すると**実績も経験も早く積み上げることができます。**さらに上司から「こいつがいないと困る」と思ってもらえるようになれば、上司から権限を譲ってもらって自分のやりたいように仕事を回せるようにもなります。

逆に**上司が優秀すぎると、助言の隙がほとんどありません**（それが悪いと言いたいわけではありません）。

なかには性格的に付き合いづらい上司もいるでしょう。でも人間同士ですからそんなことは当たり前。私は、感情的な上司、冷徹な上司、弱気な上司、パワフルな上司、嫌味な上司とさまざまなタイプと仕事をしてきましたが、「ああ、こういうタイプなんだな」と割り切って、ある程度その人に合わせてきました。

迎合する必要はありませんが、その上司が絶対に嫌がるようなことだけはしないと意識するだけで衝突は激減します。これは対人関係全般に言えることです。

具体的な価値貢献の仕方もいろいろあります。

- 上司が忘れっぽい性格ならリマインダーを入れてあげる
- 戦略立案が苦手なら情報をインプットしてあげる
- デジタル音痴なら作業を手伝ってあげる

・文章作成が苦手なら上司専属のライターになってあげる

といった、自分にできそうなことから始めてみる。

そうやって信頼を勝ちとれば、上司とみなさんのポジション次第ではありますが、上司の代わりに戦略を練ったり、実行案を考えたりする機会も訪れます。実はこれこそ私が考える上司を支える一番のメリットで、**自分が上司のポジションに上がる前から、高い視座での予行演習ができる**のです。

上司をサポートするとき絶対にやってはいけないこと

上司を支えるときに絶対に忘れてはいけないことは、**上司の顔をちゃんと立てることです**。影で汗を流しているのは自分だとしても、それはあくまでも上司のためであり、組織のため。上司を出し抜く素振りを少しでも見せると、その上司は「こいつは自分のポジションを脅かす存在だ」と認識し、遠ざけようとします。

上司を支えたところで正当な評価が得られるか心配な方もいると思います。まして
や嫌いな上司に手柄を挙げるなんてありえないと感じるかもしれません。

でも安心してください。**同僚はもちろん、他の部署の上司たちもちゃんと見ている**ものです。

「あの部署、最近調子いいけど、実質的に彼が回しているんだな」といった噂が社内で立ったとしたら、**人事部でのあなたの評価はウナギのぼり**になっているはずです。

それはそうです。会社はアピール上手な人を求めているわけではなく、組織のことを思って真剣に価値貢献をしてくれる人材を求めているからです。

それに上司に手柄を与えてその上司が出世したら、嫌いな上司が目の前から消えることになります。

ワンポイント

上司をサポートすると、嫌いな上司相手でも「思った以上のリターン」が返ってくる。

【視座】

「2ランク上の目線」を持って、自分の限界を超える

○ 2階級上の視座で仕事をやる

× 目の前の仕事を全力でやる

【対象】

- やらされ仕事ばかりで成長できていない人
- 仕事が単調でつまらない人

会社員として2つ上の視座を持つ意味

先ほど、上司を育てる最大のメリットとして、「高い視座」で仕事ができるようになるとお伝えしましたが、このことについて、もう少し詳しくお話ししていきます。

私が会社員としていつも意識しているのは、**2階級上の視座を持つ**ことです。

平社員なら課長くらい、主任・係長なら部長、課長なら事業部長、部長なら役員。自分がそうした役職についたと仮定して、どんなことで悩み、どんな決断を下すだろうかといったことを勝手に考えてみる。

1階級上（つまり自分の直属の上司）の視座を持つこともももちろん大切です。でも、入ってくる情報も似通ったものなので、そこまでメリットはありません。でも、2階級上となるとそもそもアクセスできる情報に差があるので、そう簡単にはいきません。

私は上司の参謀のような立ち回りをいつも心掛けているので、どうしても知りたい

2つ上の視座で考えてみる

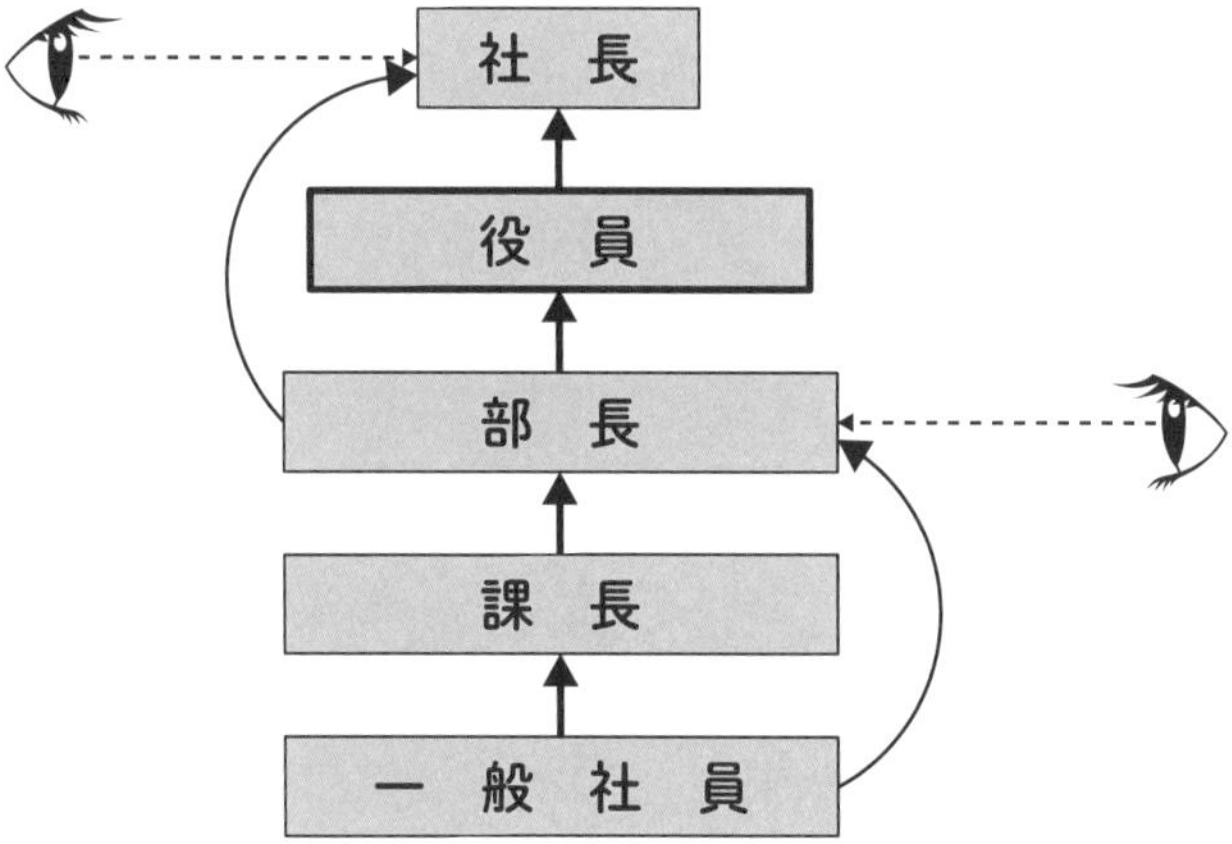

情報があるときはそれとなく上司から聞き出すこともあります。

もちろん自分で勝手に脳内シミュレーションをしているだけですし、答え合わせができるわけでもありません。そういう意味では「無意味な頭の体操」のようにうつるかもしれません。

でも、日々繰り返していると、**だんだん上司の気持ちや悩み、思惑、あるいは仕事上の流儀や重きを置いていること（まさに思考習慣）が、おぼろげながらもつかめる**ようになってきます。

それをつかめる前は、上司が下した決断や実行したアクションのような「思考の結果」しか見えません。そして「部長はバカなのか」「社長は相変わらずボンクラだな」といった悪口を平気で言ってしまう——。

でも2階層上の視座を持てるようになると、「今回の決断はかなり難しかったんだろうな」「短期的にはあっちだけど中長期的にはたしかにこっちの案かもな」といった、上司の苦悩までが透けてみえるようになります。

視座を高める方法は「情報収集」と「その深い理解」

「視座はどうやって高めたらいいのか」という質問もよく受けます。「背伸びをしろ」といわれても具体的に何をすればいいか迷うかもしれません。

私のおすすめは**「情報収集」と「得た情報をきちんと理解する」こと**です。

たとえば普段、自分に与えられた仕事しか見ていない人に「視座を高めよう」「組織全体のことを考えよう」といくら言っても、おそらく何も見えないはずです。

・先輩社員がどんな仕事をしているかわからない
・隣の部署がなにをしているのかわからない
・自分の上司に課せられているミッションがわからない
・なんなら会社の決算書を見たこともなければ、見方すらわからない

こんな状態で高い視座を持つことなどできるわけがありません。

ですから視座を高めるための具体的なアクションは、「情報収集」です。自社や業界のことについて、あるいは経営や製造、マーケティングなど社内のさまざまな機能について学んだり、最新の情報を仕入れたりしながら、視野を広げていく。そうやって視野が広がった状態で総合的に考えられるようになることが、視座を高めるということです。

ちなみに私がコンサル時代にしていた背伸びは、2階級上どころではありません。20代だった私が大企業の役員や事業部長クラスの悩みに寄りそうわけですから、5階層くらい上のことを考えないといけません。**脳が引きちぎれるかと思うくらいの背伸**

びをし、努力した結果、短期間で急成長することができました。

ＭＢＡ（経営学修士）ホルダーの多くが高い評価を得るのも、高い視座を持っているからです。コンサルにもＭＢＡホルダーは多くいますが、必須ではありません。ですが、ＭＢＡホルダーは、経営者として必要な幅広い知識を学んだり、企業の成功事例・失敗事例を研究したりすることで、ビジネスパーソンとしての視野が飛躍的に広がっているのです。

コンサルやＭＢＡ取得は気軽にできることではないものの、自覚的に背伸びをしたり、視野を広げていくことを習慣づけることで、少しずつ成長できます。そういう意味では、会計の勉強をしてみるとか、配置換えの希望を出すとか、それこそ積極的に上司を支えるといったことから始めてみてはどうでしょうか。

ワンポイント

背伸びをして視座を上げると、足りない能力、知識がわかって冷や汗をかく。

【非完璧主義】

仕事は「質」よりも「スピード」。「早めの6割」ですべてを手に入れる

○ 6割できたら一度公開する

× じっくり期限ギリギリまでやりたい

【対象】

- 報相連がうまくできていない人
- 仕事が遅い人

「早めの6割」で最速で最適の仕事ができる

私は仕事ではいつも、「早めの6割」を意識しています。

世の中を見渡すと、ある仕事を任されたときに納期ギリギリまで自分一人で完璧を目指そうとする「じっくり10割」派の人が結構います。でも、**経営者や上司の立場から見れば、多少質が悪くても早めに共有してもらえる「早めの6割」のほうが断然、助かります。**

「早めの6割」なら時間的な余裕があるので修正指示を出すことができますし、大幅な修正が必要なら人材を投入するようなこともできます。納期ギリギリで出されて上司が納得しなかった場合、大きな修正を入れることができません。

私の場合も「ちょっと粗いんですけど途中経過を確認してもらえますか?」と聞いてくれる部下がいると、「お、上司の気持ちがわかっているじゃないか」と感動しますし、その人にどんどん仕事をお願いしたくなります。

6割できたら中間報告が最強！

	修正性	共有度	完成度	速さ
早めの6割派	○	◎	○	◎
じっくり10割派	△	×	?	×

「じっくり10割」と「早めの6割」の間にある根本的な考え方の違いは、「誰が10割にもっていくのか」です。

前者は一人で10割の仕事ができると思っているからこそ、すべて一人で抱えようとします。後者は、上司が追加指示などをだすことで、組織全体として上司なりに考える10割を目指そうとします。

これのどちらが正しいのかというと、仕事の評価をするのは上司ですから、基本的に**上司の10割に合わせたほうがいい**わけです。それなのに「私の仕事だから私の好きなようにやらせてください」と言い張るのは、正論ではあるものの、仕事を振った上司からすれば不満や不信感が残っても不思議ではありません。

そもそも、一人で10割のアウトプットができるのか、という問題もあります。自分の全力を出し切ろうとする姿勢は素晴らしいですが、「もし力不足だったら迷惑がかかるかも」「もし上司の意図とズレていたら問題が起きそうだ」といった一歩引いた目線を持てるようになると、組織人として一段階も二段階も成長できます。

振られた段階で確認できれば「一流」

もちろん、いま述べたことはすべての仕事に当てはまるわけではありません。

たとえば純粋に納期までの時間がギリギリの場合もあると思います。急遽、翌朝に必要な資料を夜通しでつくらないといけず途中経過を確認してもらうプロセスを挟めないようなときです。

こういうときに私が必ずするのが、**仕事が振られた段階で上司としっかりコミュニケーションを取り、仕上がりイメージを共有しておく**ことです。説明を受けているそばから、「じゃあ、こんなデータを入れたほうがよさそうですね」とか「メッセージの順番はこんな感じで、全体のボリュームはこれくらいですかね」といった感じで、どんどん具体に落としこんでいくのです。

一発勝負の仕事の場合、本来は上司から細かく指示を入れるべきだと思いますが、その指示がない場合は自ら上司に確認したほうがいいです。「方向性に相違があるといけないのでちょっと確認ですが」とひと言断ればどんな上司でも説明してくれるものです。

上司がどんな目的でどんなアウトプットを望んでいるのかを事前に確認することは、急な仕事のときだけではなく、普段の仕事でも有効です。

ワンポイント

すぐに目的・用途を確認すれば
どんなことでもうまくやれるようになる。

【脱会社依存】

不安がない人生はない！「自分の武器」を育てよう

○ 自分の力だけで生き抜く準備をする

× 定年まで会社に全力で尽くす

【対象】

- 会社の将来に不安がある人
- 自分の将来に不安がある人

日本的キャリア戦略はもう限界に達している

会社に対して価値貢献しているからこそ、その対価として給与をもらったり、福利厚生を受けたりできる。**主従関係はあるものの、機能的には対等な関係でもあるというのが、私なりに考える会社と会社員の理想的な関係**です。

しかし、実際には会社におんぶにだっこの感覚で働いている人が少なくないと感じます。さすがに若い世代ではその割合はかなり減ったと思いますが、大企業の社員を筆頭に、いまだにいます。

私は新卒で入社した大手企業でそれを痛感しました。利権で守られた業界なので、とりあえず出社さえしていれば給与は勝手に増えていきますし、仕事ができなくても日本は解雇規制があるので職を失うこともありません。

社会人になってこうした光景を見たときに、「この会社と社員の関係は、まるで過保護な親と甘やかされた子どもたちだな」と感じました。

もちろん仕事だけが人生ではないので、仕事は仕事と割り切って、会社を利用するだけして、オフの時間で自分の好きなことをする人生もひとつの選択肢だと思います。

でも、いまの世界経済の動向やＡＩの発展と普及、日本の労働市場の変化などを見るかぎり、こうしたいかにも日本的な働き方はすでに限界がきていると感じます。

そしてそのことを多くの人は薄々感じているのではないでしょうか。私のコーチングのセッションでも最近、**割と有名な企業で働いているにもかかわらず「いまのキャリアのままでいいのか不安です」という相談をしてくる人が増えました。**

専門領域を育てて、どこでも生きていける力を手に入れる

そんなときに私がいつも説明しているのは、「将来に不安を持つことは当たり前」だ

ということです。そもそも**将来に不安がない時代なんてこれまでもなかった**んです。戦後の荒廃とした景色、高度経済成長といいつつ先進的な諸外国との差、気づけばバブル崩壊、失われた二十年……これまでも将来は不安だらけだったのです。

ただ不確実性が増したのも事実。イメージで言うと、いままでは堅牢な城壁に守られたコミュニティのなかで生活していればよかったのが、その陸地がなくなり、みんな大海原の航海をしないといけないようになったようなものです。

その大海原で生き残る方法として、多くの人はできるだけ安全そうな大きな船に乗り込もうとするわけですが、その船もいつ沈没するかわかりません。だとしたら、最初のうちは大きな船にお世話になったとしても、いざというときに自力で航海できるような船を準備し、航海術を早いうちに身に付けたほうが将来に対する安心感は増すと思います。

「これで将来は安泰だ」という安心感を求めるのではなく、**「何があってもなんとかなる」という武器を得る**ことを目指しましょう。

いま会社組織に頼り切っていると自覚している人におすすめしたいアクションは、

自分が得意だと誇れる専門領域を2、3種類持つこと。弱点はいくらあっても構いません。強みを複数持っておくことが肝です。

その理由は2つあり、ひとつはリスクヘッジです。究極のスペシャリストを目指してひとつの領域を徹底的に極める方法でもいいですが、そうしたスキルがAIやロボットに置き換わることがないと確信できないかぎり、かなりのリスクを背負うことになります。船旅にでるときにエンジンひとつでは故障したら終わりです。予備のエンジンやマストや舵があれば安心のはずです。

もうひとつの理由は能力を掛け算することによって希少性が生まれるからです。自分という小さな船に積み込めるリソースは限りがあるからこそ、リソースを組み合せることで推進力を上げるという発想が大切だと感じます。

ワンポイント

「何があっても大丈夫」という武器があるとグッと生きやすくなる。

【自責思考】

他人に振り回されないために、「自分視点」でいつも考える

○「自分でしたいと考えた」からこうする

×「誰かが言っていた」からこうする

【対象】

- すぐに誰かの意見を口にする人
- 自分らしい考え方をしたい人

「自分の意見を話す人」と「誰かの意見を話す人」の大きな差

突然ですが、インターネットで情報収集しているときに反射的にコメント欄を見てしまう人や、インフルエンサーやコメンテーターの言うことをすぐに真に受けてしまう人、あるいは会議の席上でいつも風見鶏《かざみどり》と化している人は、その習慣を今すぐやめたほうがいいです。

私も部下ができてから痛感したことですが、**その人なりの意見やアイデアを持つ部下とそうではない部下では、行動や発言がまったく異なり、それに比例するように評価や成果も違ってくる**からです。

言われたことを正確にこなす部下はたしかに重宝しますが、何か相談しても有益な答えがまったく返ってこない部下は正直、「いくらでも替えはいる」というのが本当のところです。

一方、気づいていなかった視点から意見を出してくれる部下や、独創的なアイデアを提案してくれる部下は、多少、仕事の精度が悪かったとしても重宝しますし、実際、社内でも引手あまたです。

そうした部下を他の部署に取られないように私も必死です。

自分の意見を持つ。ひと言で言えば簡単そうです。事実、普段からやっている人にとっては当たり前のことです。

でも、これまでに自分の意見を持つ習慣がなかった人にとってはかなり難しいことだと思います。

なぜなら自分の意見を言語化するには、判断材料である情報を意識的に集めないとできないからです。さらに、それらの情報を分析し、ロジックを組み立て、自分なりの解を導き出すにはかなりの知的体力もいります。

意見を持つために、頭の良さは関係ありません。でも、「考え続ける持久力」は確実に必要で、それを鍛えるために、**私は普段から脳に汗をかく習慣をもつようにしています。**

ここで冒頭の話に戻りますが、私たちが日々接する情報の多くは新聞にせよニュース番組、コラムにせよ、「この事実はこう解釈できますよ」という解説入りで提供されます。おかげで思考トレーニングの機会が失われています。

もし事実だけが伝えられていたなら、それがどのような影響をもたらすのか、自分はどう思うのか、などを考えるきっかけになるのですが、そうはなっていません。

ですから、誰かの意見に流される習慣は今すぐやめるべきなのです。

自分の意見を持つための2つのトレーニング

手軽にできるトレーニングとして私が実践しているのは、**何かニュースを見たあとに、とりあえず自分なりの意見を考えてみること**です。

その際、2つのことに注意しています。

ひとつは「絶対解」にこだわらないことです。

情報や意見に対して「自分の意見」を持とう！

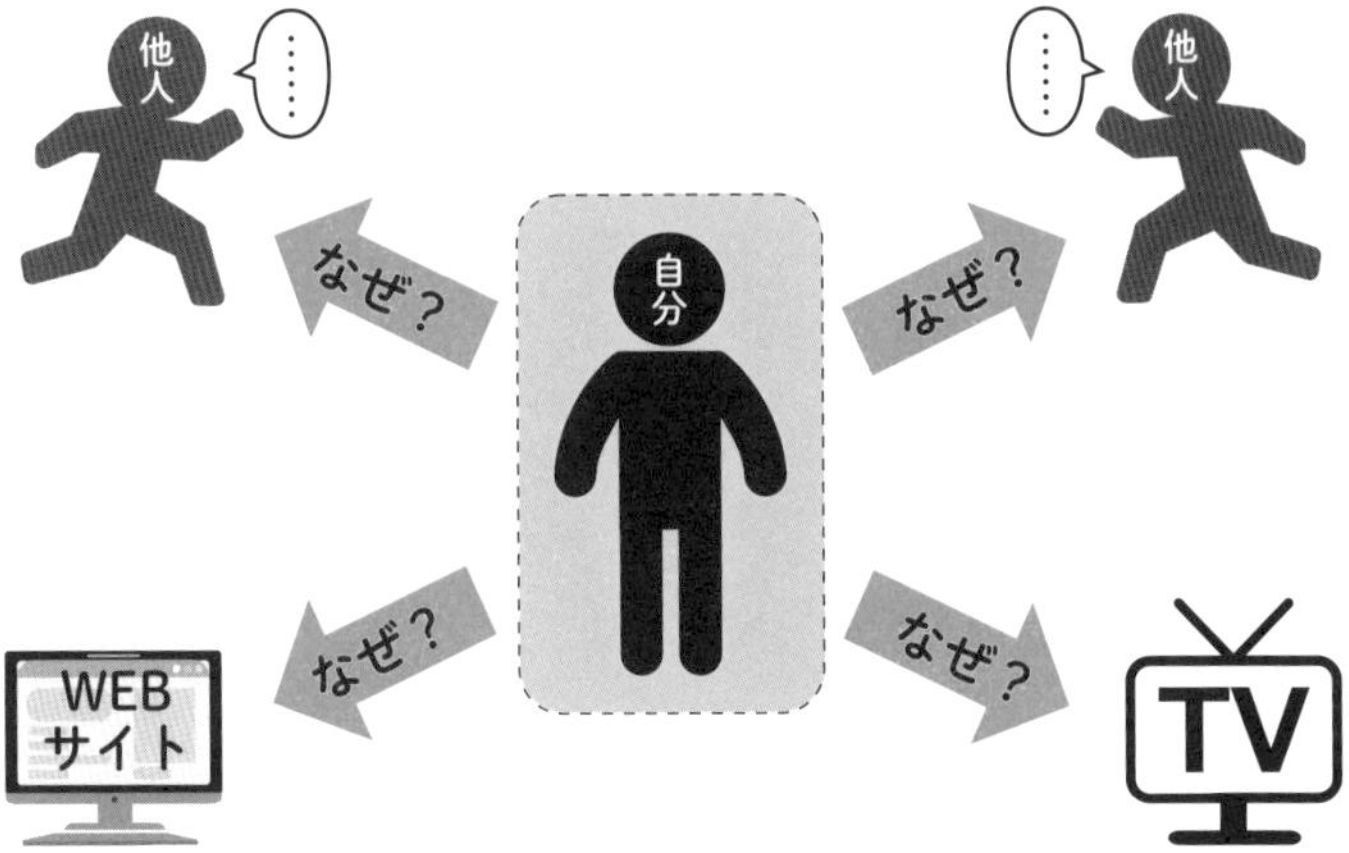

「自分の意見＝正解」だと思いこんでいると、新しい視点から物事を考えられませんし、そもそも気づくことができません。意見やアイデアは、各自がアクセスできた情報のなかで考えた「仮説」です。

「自分の意見を持つ」といっても「いまの時点で自分にできるベストな意見」くらいの感覚で持っておき、**新しい視点があれば意見はどんどん変えます。**

もうひとつの注意点は、昨今の情報メディアは誰かのコメントが目につきやすい構造になっていますが、**なるべくコメントを見ないようにする**ことです。

もしコメントを見るなら、自分の意見を出したあと。このタイミングなら、「そんな考えもあったのか」と新しい視点に気づくきっかけにもなります。

意見を持つことに慣れてきたら、**次のステップとして家族や友人と意見交換**をしてみましょう。慣れていないうちはつい感情が出るかもしれませんが、まずは意見交換できれば十分。なにかひとつのきれいな答えを出そうとしなくても構いません。

同じ事象でも人によって感じ方や解釈がいろいろあることを繰り返し経験していくと、徐々に視野が広がって判断の精度が上がりますし、対人関係でも柔軟さが生まれてくるはずです。

ワンポイント

「他人の意見を知る前」に自分の意見を言葉にすれば自分の意見を作れるようになる。

【失敗・ミス】

ミスは隠さず、すぐに報告する

○ ミスはすぐに報告する

× ミスを隠蔽し完璧を演じる

【対象】

- 上司に信頼されていないと感じる人
- ミスばかりしてしまう人

上司にとってイヤな部下とは？

上司から見て一番厄介な部下とはどんな部下でしょうか？

私が日ごろ感じている**一番厄介な部下は、ミスを隠蔽する部下**です。おそらく世界中の管理職に聞いても同じ答えが返ってくるでしょう。

明らかに仕事ができない部下やトラブルメーカーの部下に対しては、そもそも重要な仕事を与えないので大きな実害はありません。でも、どんな管理職も基本的に猫の手でも借りたいくらい忙しいので、仕事がそこそこできて、表ヅラがよい部下には、どうしても仕事を振ってしまいます。

そのときにミスを隠蔽する部下が交じっていると、本当に困ります。進捗確認では「順調です！」といいことを言うのに、いざ蓋を開けたら大失敗していたとか、見当違いのことをしていたことが露見したら、リカバリーのしようがありません。

会社員としての仕事は組織の利益のために行うものです。経営者が会社全体の年間目標を立て部署ごとに配分し、それを部長が課ごとに「ノルマ」という形で配分する。そのノルマを実現するために課長は知恵を絞ってメンバーに仕事を割り振り、日々の業務は行われていきます。

ですから、自分なりにやり方を工夫したりすることはいいのですが、最終的なアウトプットは組織の理にかなう形にしないといけません。なかには失敗が許される仕事（新規事業の立ち上げや新人に経験を積ませるための仕事など）もありますが、社内の99％の仕事は計画通りに完遂することを前提としています。

ミスの後対応がその後の人生を分ける

では、なぜ仕事のミスを隠蔽しようとする人がいるのか。これは2つに大別できそうです。

ひとつは「評価が傷つくから」「プライドが傷つくから」「出世に響くから」「怒られたくないから」といった自己保身のため。

もうひとつは責任感が極端に強いタイプです。「上司に期待されて任された仕事なんだから何があっても成功させるぞ」という想いが強すぎて、途中で失敗しても自分一人でリカバリーを試みる。仕事に対して真摯に向き合う人に多いタイプです。

ただ、**責任感から自分を追い込めるタイプは成長が早い人**です。意識の向け方を少しだけ変えられれば、上司に信頼される部下にすぐなることができます。

その意識の変化とは、先ほど書いたように**「仕事は組織の利益のためにある」という視点に立つ**こと。仕事を一人でやるか、チームで助け合ってやるかは手段の話であり、一人ではできないと感じたら上司に報告してどんな手段を取ってでも完遂させることが、本来の「責任感のある仕事の仕方」です。

「どこまでを自力で頑張って、どこから人に頼るかの線引きが難しい」と感じる人もいると思います。でも、その線引きを自分一人で考える必要はありません。

チームとしてどんなフォローができるのかを判断するのは上司です。

なので、迷ったら上司に直接聞きましょう。そのとき、「できるだけ自分でやってみたいんです」という気持ちも伝えてみてはどうでしょう。人材育成が得意な上司であればあなたの気持ちを汲んで、「失敗してもいいからやってみな」「最終調整は俺がやるから好きなようにやってみな」と言ってくれるかもしれません。

仕事においてミスや失敗はつきものですし、そこから学べることもたくさんあります。ですから、ミスをするなと言いたいわけではありません。ただ、上司の目線に立ったときに一番恐いのは「想定外のミス」です。このことをぜひ理解してください。

ワンポイント

「仕事は会社の利益のため」と考えるとミスは隠していられなくなる。

【レバレッジ】

「人に任せる人」になって、「自分のやるべきこと」をする

○ どんどん人に任せる、やってもらう

× どんなに忙しくても自分で全部やる

【対象】

- 誰かに仕事を任せるのが苦手な人
- 自分だけが忙しいと思っている人

他人の力をうまく使う人が知っていること

前節で「すべてを自分で完結する必要はない」とお話ししましたが、仕事に対する責任感だけではなく、**人を頼ることで、こなせる仕事の量や質も変わります。**

私が本業の傍らYouTubeを始めて4年が経ちました。その間、コンテンツの内容やフォーマット、アップロードの頻度などはあまり大きな変化はないように見えます。でも、実はこの間に一度だけ、制作活動に大きな影響をもたらした明確なターニングポイントがあります。

それは、動画製作の一部を外注するようになったことです（私の動画は実写ではなくアニメーションと私のナレーションで構成されています。動くプレゼン資料のようなものです）。

なんとなく想像がつくかもしれませんが、YouTubeで注目を集めるコンテンツクリエーターの多くは職人肌です。私もその傾向はあって、「もっといいものを」というこだわりや向上心が他のクリエーターとの差別化のひとつになっていると感じています。

しかし、職人技は、無難にこなした仕事と比べると圧倒的に時間がかかります。本業を持ちながらＹｏｕＴｕｂｅの活動もしている私にとって、そこの絶妙な折り合いをどうつけるのかはずっと考えていたことでした。

そこで思い切って実行に移してみたのが、アニメーションの作成だけを外注するというもの。いまの時代は便利なソフトがあるので、素人でも簡単なアニメーションならつくることができ、だからこそ私一人でも始められたのですが、**どれだけ作業に慣れてもかなりの工数を取られる**ことは変わりません。そこを手間のかかるアニメーションだけは人に頼って、私が最終確認をするだけという形に変えました。

その結果なにが起きたかというと、いままで私がアニメーションをコツコツつくっていた時間を、新しい企画を探したり、次回分の構成に磨きをかけたり、より説得力のあるエビデンスを探したりする時間に当てられるようになりました。コンテンツの更新頻度は変わっていないのですが、少なくとも私のなかでは**より満足感の高いコンテンツを量産できるようになった**と感じています。

「自分でやった場合の差」と「妥協点」を決めておく

職場でも、いろんな仕事を同時に一人で抱え込みたがる人はたくさんいます。とくにいろんなことを器用にできてしまう人で、なおかつ職人肌の人は、「指示を出すこと自体面倒だし、人にお願いして中途半端な仕事をされてもイヤだから、全部自分でやってしまおう」と考えがちです。

その結果、プロジェクトのボトルネックになりやすかったり、上司がこのタイプだと部下が待ちぼうけを喰らいやすくなるといった弊害も起きます。

念のために断っておきますが、私は職人肌の仕事はまったく嫌いではありません。ただ、なんでも自分一人で仕事を完結させていると明らかなデメリットもあるので、

「本当に自分がやる必要があるのか」という冷静な目で仕事を仕分けてみることが大事だと思います。

たとえば私のＹｏｕＴｕｂｅの場合、視聴者を増やす生命線は企画と伝えるメッセージなので、その領域は人に頼りません。どれだけ本業で忙しくても**企画や構成を練ることに妥協はしない**。その点では職人肌です。一方、アニメーションは伝える手段にすぎず、少なくとも最優先事項ではありません。だから手放すことができたのです。

「人に依頼して納得できなかったどうするの？」という疑問があるかもしれません。でも、人によって感性は違うので、「私ならこうつくっていただろう」というイメージと、外注のアニメーターさんが仕上げてきたものとの間に差が生まれるのは当然だと思っています。

差があるときにどうするかというと、明らかな違いではないかぎり、細かい修正はしません。最終的な目標にちゃんと近づけていると実感できていれば、細かい手段にこだわる必要はないというのが、私の仕事の仕方です。

仕事を抱え込んでしまう上司のなかには、「部下を信用していないから」という人もいます。**エース級の社員から管理職に抜擢された人に多い**と感じます。

自分でやれば10の仕事ができるのに部下にやらせたら3しかできない。そのフォローを自分がするくらいなら、最初から自分でやったほうがいいということです。

でも、1、2年先を考えたらどうでしょうか。いまは3しかできない部下もやり続けていれば1年後には6できるようになるかも。そんな部下が2人いればトータルで12となり、上司のアウトプットは簡単に超えられます。

育成も管理職にとって重要な仕事です。一時的に部署のアウトプットが下がるなら、上司は自分の上司にその旨を事前に伝え了解をとれば万事解決です。

ワンポイント

人に任せる、やってもらうときは、譲れないポイントだけ決めておく。

第5章

思考習慣

人生は日々、選択の連続です。
人生の岐路を迫られる選択もあれば、日常のちょっとした選択もあります。
いつも最良の選択ができるならそれに越したことはありませんが、
なかなか難しいものです。
私も過去を振り返ると、もっと賢い選択ができたと思う場面は、
今考えると少なくありません。
でも、毎回最良の選択ができないまでも、
ある程度望ましい選択ができるようになることができたら、
ベストではないでしょうか。
そのときに欠かせないのが自分の考え方の癖を
少しずつアップデートしていくこと。
いまの自分の思考では答えが出なくても、
「自分が変わる」という選択肢を選ぶことで、
少しでもいい選択をしようというわけです。
人頼み、神頼みの人生を歩むのか、最良の選択ができる人をめざして、
思考習慣を少しずつ変えていくのか。
ここからは、私が人生において大切にしている思考習慣を紹介します。

【無駄の効用】

人生は「効率」よりも「無駄」。「無駄な時間」で自分を育てる

○ 無駄な時間を楽しめる

× タイパ・コスパですべてを考える

【対象】

- 効率・時短が人生で大切だと思っている人
- 他人の趣味に劣等感がある人

無駄をなくせば本当にすべてが最適化されるのか？

時間効率を意味する「タイパ」という言葉が流行語大賞を取ったのは2022年のことでした。録画したドラマを倍速でみる、映画は長すぎるからそもそも観ない、小説は長すぎてダルい、無駄な飲み会には参加しない、最短ルートの勉強しかしないなど、いまの人たちの行動パターンを象徴したものです。

効率をつきつめることは確かに重要ですが、行き過ぎて、**「無駄」と感じるものをすべて排除しようとするのは、どうなのかな**と思います。

私自身はビジネスパーソン向けのハック術という、ある意味でタイパのいい働き方をYouTubeで発信している身ではありますが、**「無駄」というものを否定的に考える必要はない**と思います。

効率性がその価値を発揮するのは、仕事や家事のようにある目的をいち早く完遂することが求められるときです。しかし、人生自体から無駄を排除し始めると、最終的に何を成し遂げたいのだろうかと思ってしまうのです。

「子育ては面倒そうだから結婚しません」「ＦＩＲＥ（早期リタイア）を目指していいます！」という人がいますが、大切な何かを置き忘れているように思いませんか。

つまり、**タイパの追求のしすぎは、人生から楽しさや面白さを排除するのと同じことで、効率を突き詰めた先にあるには機械的な生活**だと思うのです。

食事にしても栄養効率だけを考えたら点滴を打つのが一番で、「ご褒美のアイス」も「締めのラーメン」もなくなります。働くことを考えても、いまの日本で最も効率がいい稼ぎ方は一日中家でゴロゴロして生活保護を受けることです。体力を一切使わず、上司やクライアントから怒られることもありません。

でも、そんな人生にどんな意味があるのでしょうか。

毎日やたらと忙しいわりに充実しているとは言えない人や、常に何かに追われていて心に余裕が持てない人も多いでしょう。そういう人はもっと積極的に無駄を楽しむことを心掛けてみてはどうでしょうか。

無駄な時間を楽しんで人生の幅を広げる

私もかつては忙しすぎてとにかく効率を追い求めていた時期がありました。家には寝るために帰るだけの状態で、睡眠時間を確保するために徹底的に無駄を排除しようとしていました。

でも、そんな人生は無味乾燥としていて、つまらないだけ。それに気づいてからは、積極的に無駄を楽しむようになりました。**「無駄を楽しむために普段の自分は効率的に生きているんだ。こっちの方が本番なんだ」と発想を変えてみた**のです。

それからは積極的に休暇をとるようになり、家族と出かける時間を大切にするようになりました。不思議なもので、仕事にばかり一生懸命になっていた時期に比べて、仕事でのアイデアも柔軟に出せるようになりました。**無駄だと思っていた時間に得ら**

れる情報や視点が仕事を活性化してくれたのです。

仕事に関しても効率一辺倒にならなくてもよく、一見無駄に思えることが将来どう役立つかは誰にもわかりません。ひょっとすると金の卵を見落としているかも……。

私もいまではYouTuberとしてこのように本を書く機会までいただいていますが、失敗する可能性もありました。しかし、仮にYouTubeで失敗していたとしても、撮影技術や編集技術、トーク技術などは今後どこかで活かせます。

仕事以外に没頭できる趣味を持つことです。いきなり一人ではできないという人は、周囲の人に趣味を片っ端から聞いて、興味が湧いた世界をちょっとのぞき見させてもらってはどうでしょう。

ワンポイント

効率だけを追求すると、一見無駄に見える金の卵を失うかも。

【悩み】

「変えられないこと」は忘れて、不安から解放される

○ 悩んでも変わらないことは忘れる

× 漠然と悩み続ける

【対象】

- 一度悩んだらずーっと引きずる人
- 自分だけいつも不幸だと感じる人

器用に悩む人、不器用に悩む人はここが違う

「簡単すぎる人生に、生きる価値などない」

という名言を残したのはソクラテスです。

人間、**生きていれば悩みを抱えるのは当たり前**のこと。とくに何か成し遂げたいことがある人や理想に近づこうと努力している人ほど、悩みは増えるものです。

ただ、人によって悩みとの向き合い方が違うのも事実で、同じような悩みを抱えていても気にしない人もいれば、深刻な表情で悩み続ける人もいます。性格的な差もあるでしょうが、最終的には思考習慣の差が大きいと思います。

私は管理職として、あるいは副業のコーチとして、いろんなビジネスパーソンの悩みを聞く機会がありますが、「悩むにしてももう少し器用に悩めばいいのに」と感じることは少なくありません。

そんな人に私がいつもするアドバイスは、**漠然と悩まない**こと。具体的には、悩みをどんどん言語化しつつ分解して、コントローラブルなこととアンコントローラブルなことに整理します。

つまり、**「がんばればどうにかなりそうなこと」と「がんばってもどうにもならないこと」を分ける**のです。

そして、悩んでも意味がないことはスパッと忘れる。これだけでも悩みの半分近く、場合によっては半分以上を消せます。

たとえば、いつまでも恋人ができないと悩んでいるとします。これも2章でやったように、「なぜ恋人ができないのか?」という問いからスタートして課題抽出をし、対策できそうなものから実行しつつ、アンコントローラブルなものはなにか明確にしていってみてはどうでしょうか?

するとたとえば、

・顔立ちや骨格は変えられないけど、髪型や服装、体型、姿勢なら変えられる

・性格は変えられないけど、「この性格でもいい」という人となら出会えるかも
・家筋は変えられないけど、収入アップはできる
・過去の過ちは変えられないけど、自分が変わったことを行動で示すことはできる
といったように、いま自分が本当にやるべきことがクリアになっていきます。

悩んでも仕方がないことで悩み続けないコツ

逆に**一番やってはいけないのは、アンコントローラブルなことにずっとモヤモヤし続けること**です。たとえば「こんなに身長が低いのは親のせいだ」とか「あのときちゃんと勉強していれば大学に受かったのに」といったことをどれだけ悩んでも事態は1ミリも変わりません。

悩むのであれば解決に向けて前進できることで悩みます。

また、アンコントローラブルなことを意識しないことは、悩みと向き合うときだけではなく、心配症な人や不安にさいなまれやすい人にも有効です。

たとえば、資格試験を受けてその結果が1週間後に判明するときに、その間ずっと不安で夜も眠れないという人がたまにいます。でも、そこでどれだけ不安になったところで過ぎたことは変わりませんし合否が変わるわけでもありません。

私はそうしたときは、「落ちたら落ちたでしょうがない」と腹をくくって、普段通りの生活を送るようにしています。

心配症は人よりも細心の注意を払うことができるわけですから悪いことではありません。そこにプラスして「何が起きるかわからない」という**不確性を受け入れられるようになれば、多くの不安も解消されるの**ではないでしょうか。

ワンポイント

世の中は不確実性のかたまり。
思い通りにいかないことのほうが多い。

【人付き合い】

「自分ができること」に集中して、他人に振り回されない

○ どんなに尽くしても、動かない人は動かない

× 人は話し合えば、動かせる

【対象】

- 部下を思い通りに動かせない人
- 周りが自分を理解してくれないと悩む人

対人関係でもアンコントローラブルなものは除外する

前説で悩みとの向き合い方の話をしたわけですが、多くの人にとって悩みの種となるのが対人関係だと思います。

上司や部下、同僚、クライアントとの関係。家族や友人、恋人、ご近所との関係。なかなか自分の想い通りにいかずに、「なんでわかってくれないんだ！」と不満を抱く人も多いでしょう。

対人関係の悩みが深刻化しやすい理由は、実は至って単純です。他者は本来、アンコントローラブルなのに、**コントローラブルであると勘違いしている**ことです。

恋愛の悩み、マネジメントの悩み、子育ての悩み、交渉事の悩みなどのほとんどが、「自分がもっと働きかけをすれば相手は変わってくれるはずだ」と信じきっていることが原因です。

でも、**実際には人はそんな簡単に動かないし、変わることもありません。**

これは相手の立場になれば理解できるはずです。たとえば自分がまったく魅力を感じない人から繰り返し「付き合ってください」と言われておそらく心は変わりません。上司や親から「ああしろ、こうしろ」としつこく言われるほど、逆に反発心が生まれるはずです。

人の考え方も価値観も利害関係もその日の気分も全部バラバラです。という事実をいざ受け入れられるようになると、他者とのかかり方が激変します。

相手の立場に立って初めてわかること

私がそのことにはっきりと気づいたのは初めて部下を持ったときです。学生時代はリーダーのような立ち回りをほとんど経験したことがなかったので、いざ部下を持ったときに人を動かす難しさと直面することになりました。そして当初はほとんどの人と同じように、**人を動かすには自分の想いを強く伝えればいいと勘違い**をして、空回りを続ける時期がありました。

「自分には人望がないのか？」「カリスマ性が足りないのか？」といった、まったく見当違いのことを考えたこともあります。

でも、そんな私を見かねた上司から「君の理想を押し付けても変わらないんじゃないか。人はみんな違うんだから」と諭されたことをきっかけに、いままでのマネジメント手法を改めることになったのです。

それからは**「人はみんな違う」と考えるようなりました**。すると、まず部下に対して過剰な期待をしないようになり、「自分が部下だったころはこんなことをやっていたけど」といった、自分との比較をしなくなりました。

すると、「この部下の得意なことはなんだろう？」「どんなことに価値を置いているのだろう？」と相手のことを深く知ろうという意識が働くようになったのです。

こうなると、部下の行動を変えたいときも一方的な口調で言うのではなく、本人なりに「行動を変えなきゃ」「考え方を変えなきゃ」と**自覚してもらえるような接し方や言葉遣いに自然と変わりました。**

たとえば、遅刻が目立つ部下に「出社時間を守りなさい」と直接的に言っても効果はほとんどなかったのですが、「正直、君が遅刻しようと構わないんだけど、時間を守れない人って信頼を失うよね。君はせっかく仕事ができるのにそこですごく損をしている気がする」といった自分を客観視する伝え方をすると、効果がありました。

この「人はみんな違う」という感覚が持てれば、一見身勝手と思える他人の行動も大きなストレスではなくなるのです。

人付き合いは人生でかかせないものです。対人関係で悩むことが多い人は、「人はみんな違う」という言葉だけでも頭の片隅に置いておくといいでしょう。

ワンポイント

相手の考え方に合わせると、物事がうまく動き出すことがある。

【未来志向】

あれもこれも気になるときは、「現在・未来基準」ですべてを考える

○ 現在と未来基準で最適解を選択する

× 過去に引っ張られて決断できない

【対象】

- 過去の失敗を忘れられない人
- 気持ちを切り替えたい人

優秀な人が集まってもなかなか過去を捨てきれず失敗する

引き続き悩み方のコツの話です。

過去に投資したお金や時間、労力のうち、回収の見込みのないものは意思決定を下すときに考慮に入れてはいけない——。これは経営の鉄則です。

たとえばイギリスとフランスで共同開発された音速旅客機コンコルドは、黒字化の頼みの綱だったアメリカで、騒音が原因でアメリカ本土の横断が禁止されました。この時点でゲームオーバーだったわけですが、それまでに莫大な予算を投入してきたため、なかなか撤退判断ができず、傷口を広げることになりました。

意思決定に影響を及ぼさない（＝考慮してはいけない）コストのことを埋没費用と言います。固定費の一部なども埋没費用に含まれますが、回収の見込みのないコストもその典型例のひとつです。

ではなぜ考慮してはいけないのか？　それは回収の見込みがない時点でそのコストは**「これからも続く投資」ではなく「過去に被った損失」として処理すべき**だからです。前節で触れたアンコントローラブルなこと、自分にはもはやどうしようもないことと考えるべきです。

でも人間ですからどうしても「せっかくのお金がもったいない」とか「まだ挽回できるはずだ」といった**期待が湧き、損失を損失として認めることができません。**その結果、意志決定を大きく誤ってしまうことがあるわけです。

こうした「もったいない」という感情で判断を誤ることを、先ほどの事例から「コンコルド効果」と呼びます。もっとわかりやすい表現を使えば「損切りをする勇気がない病」です。

損切りができない人は人生のかなり大きな局面で、自ら傷を大きくしていると感じます。

たとえば、

・自分のいる業界（や職種）がオワコンだとわかっているのに転職できない

・何度も失敗しているのに志望大学や資格試験があきらめられない
・理想が高すぎて婚期を逃したのに、理想を下げることができない
・とっくに夫婦関係が破綻しているのに、離婚に踏み切れない
・暴落して紙くず同然の金融商品を保有し続けている

共通するのは、意思決定において自分の感情が大きな比重を占めていることです。感情で下す判断がすべて悪いわけではないですが、その感情が判断を大きく鈍らせているのであれば、少し冷静になって考え直す必要があるかもしれません。

過去と未来を分けるとどうすべきか見えてくる

「損切り」のコツは、時間軸を意識することです。具体的には**「過去」と「現在と未来」を分けて考える**こと。そして選択する際は、「現在と未来」に比重をおいて考える

過去ではなく、「現在と未来」視点で考える

ようにします。

コンコルドの例にしても、回収の見込みがないとわかった時点で「現在と未来」だけを考慮すれば、「この先5年、10年、事業を継続する場合に想定される赤字」と「いま事業撤退する場合の撤退費用」だけを天秤にかけることが正しい意思決定の仕方でした。大半の利害関係者が「いまさら撤退できるか！」と怒り狂っていたとしても、「回収の見込みはもはやありません。潔く撤退しましょう」と主張できる指導者がコンコルド事業の上層部にもっといれば、状況は変わっていたのでしょう。

もちろん、過去の投資を回収しようと努力すること自体は間違っていませんし、将来のための仕込みは積極的にしたほうがいいと思います。

ということは、ここで重要になるのが**「投資に失敗した」という判断を下せるかどうか**です。どこからが失敗でどこまでなら回収の見込みがあるのかという線引きが難しいケースは少なくありませんが、そうかといって一切線引きしないとコンコルドの二の舞になってしまいます。

会社で新規事業に承認が下りる場合は、「3年以内に黒字化できなければ撤退」といった形で、意思決定から感情を排除するためにあらかじめ期限や数値目標を決めることがあります。こうした「期限を決める」という手法は個人の場合も使えます。たとえば株を買ってみるなら損切りラインを事前に決める。婚活をするなら期限を切るといった形です。

ワンポイント

未来を真剣に考え始めると、過去が突然どうでもよくなる。

【時間の考え方】

仕事、家事、副業……プロに任せて、自分の時間を取り戻す

○ 時間は自分でつくりだすもの

× 時間がないから何もできない

【対象】

- いつも時間がないと感じている人
- 自分の時間がない人

時間が足りないとき やりがちな4パターン

人生で最も大事な資源はなにかというと、私は時間だと思います。お金を稼ぐにしても、勉強をするにしても、休息をするにしても、人生を思いっきり楽しむにしても、時間だけは絶対に必要です。しかもどんな人でも一律に1日24時間しかありません。年間にすれば8760時間。それを**どんな時間配分でどう使うかで、その人の人生が大きく変わってくると思います。**

「時間が足りない」と感じる状況でどんな対処をするのかは、各自の思考習慣が強くでると感じます。

私なりに4つのタイプに類型化してみました。

タイプ1は「あきらめ型」。

いまの生活で優先すべきことから24時間を埋めていって、そこに収まらないものはあきめるシンプルな考え方です。たとえば社会人向けの大学院に行きたいのに子育てが終わるまでは無理だと保留にする人、副業に興味はあるけれど本業が忙しいのであきらめるような人たちです。

タイプ2は「自己犠牲型」。

睡眠時間や自分の趣味の時間など、本来は大切な自分のための時間を容赦なく削って、無理やり時間をつくろうとするタイプです。仕事の繁忙期などはこのタイプにならざるを得ないときもありますが、かなりの負担とストレスを課すことになるので、これが長期間続くと心身に支障をきたすリスクがあります。

タイプ3は「効率化型」。

より少ない時間でタスクをこなせる工夫を考えていきます。職場ではかなり重宝がられるタイプで、会議の時短、無駄な作業の廃止など、さまざまな改善策のアイデアがでてきます。私生活でも段取りよく行動することが得意です、

最後のタイプ4は「時間買い足し型」。

人間ひとりにつき24時間しかないのであれば、ほかの人間の時間を買えばいいと考

えるタイプです。仕事でいえば外注の活用。家事でいえば洗濯や洗濯、料理、買い出しなどをプロの業者に任せることや、高性能家電に投資することもここに入れていいでしょう。

実際には、これらのタイプを状況によって組み合わせているわけですが、年がら年中時間がないと嘆いている人ほど、タイプ1とタイプ2を中心に生活を回している印象を受けます。

時間を使うのが上手な人が考えていること

私の場合は、**タイプ1や2の選択肢は、タイプ3や4の選択肢を徹底的に考え抜き、それでもなお時間が足りないときの「最後の手段」**にしています。

私は作業の効率化や時間の買い足しを積極的に行うので、本業も副業もちゃんとこなしつつ、運動や読書の時間、リラックスできる時間、そして睡眠時間もちゃんと確保できています。

効率化や時間の買い足しで削減できる時間はわずかなものですが、積み重なると大きくなります。たとえば洗濯ひとつとっても乾燥機能付きの洗濯機を買えば、毎日5分か10分浮くわけです（しかも「そろそろ洗濯が終わるな」と注意を向ける必要がなくなるので目の前の仕事に集中できます）。ロボット掃除機も過去にいろいろ試してきましたが、意外とメンテナンスが面倒なので、いまではゴミ捨てや水の補充まで自動的にやってくれるものを使っています。

ワンポイント

他人の時間を自分の時間として使えば、時間は無限に増える。

【限界突破】

「考えが浅い」と言われる前に、「なぜ？」と自問をくり返す

○ 脳が汗をかくまで考え抜く

× 「考えたつもり」で満足する

【対象】

- 「ちゃんと考えた」と言われたくない人
- 考えることに劣等感を持つ人

思考停止は誰もが陥る可能性があるワナ

私のかつての職場で、周囲から陰で「思考停止おじさん」と呼ばれている年配の管理職がいました。日ごろから若手に対して「君、大丈夫？　思考停止してない？」と嫌味を吐く、なんとも癖の強い方でした。

でも、この男性が周囲から一番反感を買った理由はパワハラ気味の態度ではなく、そういう**本人が思いつきか経験則か感情論でしか物事を語れなかったこと**です。

物事を考え抜く重要性は理屈ではわかっているし、自分にもそう言い聞かせているけれど、「思考停止しないぞ！」で思考停止してしまっている人は意外とたくさんいます。

「詰めが甘い」、「思慮が浅い」「短絡的にしか考えられない」、「本質を見抜けない」といった弱点は、社内でのポジションが上がるにつれ致命的になります。若いうちは

「まあ若いから」と見過ごされますが、ある程度のポジションに上がり意思決定者になったときに、「こんなリスクは想定していませんでした」と弁解しても、「じゃあ、お前が悪いんじゃないか」と言われるだけです。

そこで大切なのが、**普段から自分の限界を超えて考える習慣**です。いまよりもう1段階、2段階深堀りして原因や解決策を考えることで、それまで悩んでいたことの多くは解決できるようになります。

自分の思考の壁を超えて考える方法

自分の限界を超えて考えることはなかなか一人ではできません。

それを実現させるには、「自分は本当に限界まで考え抜いたのか？」と自問自答を続けることです。「自分なりに考え抜いた。でも何か見落としがあるはずだ」という**疑**

「思考の壁」を超えると、評価も上がる

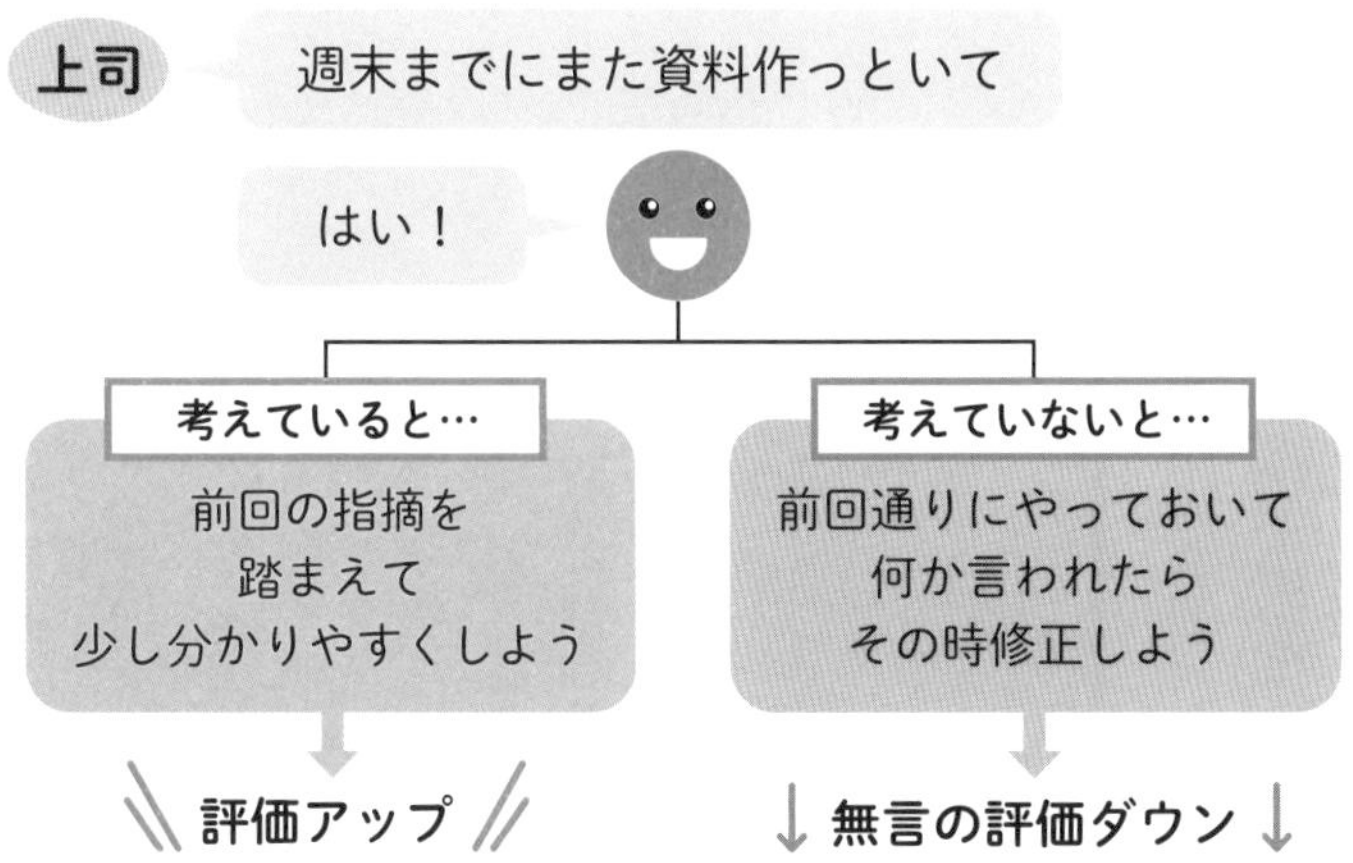

いの目を常に自分に向けるようにします。

自分の思考には限界があると認められるようになったら、次のステップは素直に第三者の脳を拝借することです。

経験者や専門家に相談する、友人に壁打ち相手になってもらう、コーチングを受けるなど第三者に直接協力してもらう方法もありますが、個人的におすすめしたいのは世の中に存在する、いわゆる**「思考のフレームワーク」をいろいろ試してみる**ことです。

フレームワークとは文字通り「型」ですから、自分が抱えている課題をその型にあてはめていくと自力ではたどり着けなかった解に到達できる可能性があります。

ビジネスパーソンになじみのあるロジックツリー、PDCA、5W1H、3C分析、SWOT分析、ポジショニングマップなどもすべて思考のフレームワークです。大谷翔平選手のマンダラートも、トヨタ生産方式を代表するなぜなぜ分析もそうです。

こうしたフレームワークを紹介しているビジネス書はたくさんあるので、できるだけ早いうちに覚えておくことを強くおすすめします。私もコンサル時代にこれらのフレームワークをひと通り習得し実践してきたおかげで、言語化と図解化を基本として考えることが習慣になっています。

会議の議事録と同じで、どんどん言語化しないと同じことを何度も考えてしまいがちなので、「いま考えることはこれ」「次に考えることはこれ」といった感じで、切り替えながら考え続けるためにも、言語化やビジュアル化は重要です。

ワンポイント

フレームワークをつかえば誰でも驚くほど簡単に思考の枠を超えられる。

【究極の思考習慣】

「いいからやれ」と「いいから寝ろ」ですべてを変える

○「いいからやれ」と「いいから寝ろ」

×人生が変わらないと嘆く

【対象】

- 「こんな人生じゃなかったのに」と悩んでいる人
- 手っ取り早く今を変えたい人

悩みが消える2つのマジックワード

いよいよ最終項目となりました。これまで挙げてきた習慣のなかに、いまのみなさんにぴったりハマるような習慣があればと願うばかりでありますが、最後にとっておきの習慣をお伝えしたいと思います。

これは私自身も何度も救われてきた、座右の銘に近い思考法でもあります。

それはずばり、**「世の中の悩みのほとんどは『いいからやれ』か『いいから寝ろ』で解決する」**というもの。

ものすごく乱暴な考え方に聞こえる方もいるでしょう。でも、実はこのメッセージが乱暴だと感じる人こそ、ぜひ覚えておいてほしい思考法です。

「いいからやれ」と「いいから寝ろ」は、この本で**私が伝えたかった2大メッセージを究極的にシンプルな形で言語化したもの**です。

いいからやれ＝行動ファースト

・コンフォートゾーン飛び出そう
・危機的状況に追い込めば成長が加速する
・リスクゼロを求めてはいけない
・脱完璧主義
・課題解決の当事者は自分。人任せにしない

これらは最初の一歩を踏み出す勇気がないことで人生の停滞期に陥っていたり、伸びやんでいたりする人に伝えたいことです。

いいから寝ろ＝未来志向

・悩むなら正しく悩もう
・深く考えることと、漠然と悩むことは別もの
・過去に引きずられるくらいなら、未来だけを見よう
・アンコントローラブルなことは忘れよう

これらは過去のことを悔やみ続けたり、悩みを抱えたときに堂々巡りになりがちでそれが大きなストレスになっている人に伝えたいことです。

私がコーチングをするときも、クライアントから受ける相談のほとんどはこのどちらか、あるいは両方で解決しそうなものです。

「職場で評価されないんです」→じゃあ仕事の仕方や考え方を変えてみれば？
「最近、気力が湧かないんです」→じゃあ生活習慣を変えてみれば？
「家族とうまくいっていないんです」→じゃあ自分だけの人生を歩めば？
「起業に興味があるんです」→じゃあ起業すれば？
「過去の過ちを後悔しているんです」→じゃあ忘れれば？

このように**本人にとっては重大な悩みでも、解決方法はものすごくシンプルだったりする**ものです。

行動した人だけが結局、すべてを手に入れる

過去に目を向ければ、教育の機会も人権も職業選択の自由も与えられない人たちがたくさんいました。いまでも途上国や専制主義的な国にいけば似たような状況です。どう頑張っても自分の意志だけでは人生を変えられない人は大勢いるのです。

それと比べると、いまの私たちは本当に恵まれています。

仕事がイヤなら変えればいいし、住む場所が気に入らないなら移住すればいい。

給与が安いことが不満なら海外に出稼ぎにいけばいい。

そうした行動を起こすためのリソースが足りないのであれば、スキルを補う教材、人脈を補う交流プラットフォーム、情報を補う情報源がネット上にいくらでもあります。困ったときにアドバイスをくれるＡＩもあります。

もちろんその過程で、自分の習慣を変える必要があれば変えてみればいい、という

ことです。
順風満帆な人生などそもそもないので何か行動を起こしたら必ずいい結果につながるわけではありません。でも、**いま置かれている状況を抜け出すための行動は誰でもできます。**

実は人生を変えることはそこまで難しい話ではありません。

しかもその感覚に慣れてくると、人生を変えることは不安要素ではなく、むしろ変えていないと不安になってきます。

少なくとも私はそうで、**同じ仕事や生活パターンをずっと続けて新たな刺激が少なくなってくると、「このままでいいのかな」と感じるようになり、また新しいことに挑戦したくなります。**

たとえばいまは会社員とYouTuberとコーチングという三足のわらじを履いているわけですが、10年後も同じことをしている自分の姿は想像できません。会社の経営者になっているのか、地球の反対側で農家をしているのか分かりませんが、そのとき自分がやりたいと思ったことをどうにかして実現させようと試行錯誤しているんだろうな、ということなら想像できます。

それが人生の面白さだと思います。

この本を閉じて本棚にしまったら、1か月もしないうちにここに書いてあったことのほとんどは忘れてしまうかもしれません。

でもその場合でも、このフレーズだけはぜひ覚えておいてください。


「いいからやれ」

「いいから寝ろ」


この言葉がみなさんの人生の道しるべになってくれることを期待しています。

ワンポイント

行動したら人生は案外変わるし、変わるのに慣れると、変わらないことが不安になる。

［著者］
ハック大学　ぺそ
1988年生まれ。主にYouTubeチャンネル「ハック大学」を通じて、仕事術、キャリア戦略などビジネスに役立つ情報を発信。チャンネル登録者数は27万人を超える。チャンネルにアップされた動画のなかでも、時間管理やスケジュール・計画、業務の効率化に関する動画は人気のコンテンツ。事業会社やコンサルティングファームを渡り歩き、その経験を生かして現在は外資系金融機関のマーケティング部門のマネージャーを務め、投資・資産運用業界で年収約2000万円を得る現役の会社員。著書に『行動が結果を変える ハック大学式 最強の仕事術』（ソシム）、『「説明が上手い人」がやっていることを1冊にまとめてみた』（アスコム）などがある。

人生が変わる　ハック大学式
最強の習慣

2024年1月9日　初版第1刷発行

著　者　ハック大学　ぺそ
発行人　片柳秀夫
編集人　志水宣晴
発　行　ソシム株式会社
https://www.socym.co.jp/
〒101-0064 東京都千代田区神田猿楽町1-5-15　猿楽町SSビル
TEL：(03) 5217-2400（代表）
FAX：(03) 5217-2420
ブックデザイン　三森健太（JUNGLE）
編集協力　郷　和貴
DTP・図版作成　株式会社キャップス
印刷・製本　株式会社暁印刷

定価はカバーに表示してあります。
落丁・乱丁は弊社編集部までお送りください。送料弊社負担にてお取替えいたします。
ISBN978-4-8026-1442-9　